MARCELO UCHÔA

O PESADELO DE UMA NAÇÃO

DO GOLPE AO BOLSONARISMO

KOTTER
EDITORIAL

Coordenação editorial: Sálvio Nienkötter
Editor-executivo: João Lucas Dusi
Capa: Jussara Salazar
Design editorial: Carlos Garcia Fernandes
Produção: Cristiane Nienkötter
Preparação de originais e revisão: o Autor

Dados Internacionais de Catalogação na Publicação (CIP)
Angelica Ilacqua CRB-8/7057

Uchôa, Marcelo
O pesadelo de uma nação : do golpe ao bolsonarismo / Marcelo Uchôa. – Curitiba : Kotter Editorial, 2022.
184 p.

ISBN 978-65-5361-123-8

1. Brasil - Política e governo 2. Bolsonaro, Jair, 1955 – Governo – Brasil I. Título

CDD 320

22-3929

KOTTER EDITORIAL

Kotter Editorial Ltda.
Rua das Cerejeiras, 194
CEP: 82700-510 - Curitiba - PR
Tel. + 55(41) 3585-5161
www.kotter.com.br | contato@kotter.com.br

Feito o depósito legal
1ª Edição
2022

MARCELO UCHÔA

O PESADELO DE UMA NAÇÃO

DO GOLPE AO BOLSONARISMO

APRESENTAÇÃO

Há tempos me sentia comprometido em explorar os duros momentos passados no Brasil durante esse trágico ciclo histórico que abrange as causas e as consequências do golpe de 2016. Era preciso registrar algo que demarcasse minha/nossa justa indignação contra o pesadelo que tomou de assalto o país, arruinando a estabilidade das instituições, pendurando no nó do apelo a nossa democracia.

O que vivenciamos com horror resultou na destruição econômica de um gigante que, por isso, maldade das maldades: voltou ao mapa da fome mundial. Mais, potencializou, provavelmente multiplicando por três, as mortes na pandemia. Alçou uma potência - antes em crescimento, admirada internacionalmente -, a um horizonte de retrocesso político, jurídico e cultural. Numa palavra: um revés civilizatório sem limites e sem precedentes.

A luta diária contra o estado de absurdos, entre debates, palestras, artigos políticos e científicos, dificultava o desenvolvimento desta obra. Foi quando percebi que ela já estava pronta.

Este livro apresenta assim uma coletânea sistematizada dos textos mais significativos que divulguei durante o martírio. Um material que, organizado temática e cronologicamente, conta a história do país a partir da perspectiva de alguém que, na medida de suas forças, vem se insurgindo contra o arbítrio, a injustiça, o desmantelo...

Na impossibilidade de agradar a todo mundo, conto estar contribuindo com a resistência. Quando, muito proximamente, superarmos esta quadra tenebrosa, olharei adiante com a consciência de me haver somado ao esforço de milhões de cidadãs e cidadãos que também sofreram essa mesma santa indignação. Que este livro seja de auxílio, com generosidade, no enfrentamento da selvageria.

Agradeço à corajosa mídia independente progressista, por ter divulgado estes textos no calor dos acontecimentos. Agradeço à Kotter Editorial por acreditar no potencial destes escritos. Agradeço às companheiras e companheiros de luta, do meio jurídico e de todas as áreas, pela inspiração e mútuo encorajamento. Agradeço à minha família, parceira ímpar e central nesta caminhada.

Eles cortam árvores, mas não vencerão a floresta.

E, de cada árvore cortada, emanam mil, mil e cem sementes.

Boa leitura!

Marcelo Uchôa

PREFÁCIO

Honrado pelo convite do jurista Marcelo Uchôa para escrever o prefácio de seu livro O pesadelo de uma nação, agora me dou conta de que nunca estivemos juntos, presencialmente. A despeito da distância que nos separa, de Fortaleza a São Paulo, considero Marcelo hoje um dos meus melhores amigos. Tenho com ele o que o escritor alemão Goethe classificou como "afinidades eletivas". Somos parceiros, irmãos, camaradas e companheiros nessa longa luta pela restauração democrática no Brasil.

Muitos anos atrás, Marcelo viu com entusiasmo o nascimento do site Brasil 247 e contribuiu decisivamente para o seu florescimento, com seus brilhantes e contundentes artigos – muitos dos quais fazem parte desta coletânea. Marcelo foi o primeiro jurista a defender, por exemplo, a interdição do personagem que desgoverna o Brasil desde janeiro de 2019. Defendeu também seu impeachment, assim como a responsabilização penal de todos os personagens que, dentro de nossas instituições, com ele se acumpliciaram.

Corajoso, destemido e sem papas na língua, Marcelo Uchôa também se tornou um comentarista frequente da nossa TV 247, que se tornou um dos principais espaços da discussão democrática no Brasil. É também motivo de honra o fato de que muitos dos artigos deste livro tenham sido originalmente publicados no Brasil 247, o que muito nos envaidece. Claro está que para imortalizá-los em livro o Marcelo trabalhou novamente esses textos, mas mantendo tudo que neles havia, notadamente o frescor de textos escritos a quente, no nó do apelo dos acontecimentos.

Estes textos agora reunidos representam como que um presente a quem queira compreender em profundidade o momento, não a partir apenas de uma opinião abalizada, mas acima de tudo ver os fatos analisados sob o crivo do arcabouço jurídico, em especial da Carta Magna, tão aviltada desde o golpe de 2016.

Como Hobbes e demais contratualistas esmiúçam, só podemos viver em sociedade sob um contrato social, tácito, jamais escrito, mas compreendido intuitivamente por todos. Sem ele teríamos a guerra de todos contra todos. Mas ele só não basta, é preciso que haja um arcabouço de preceitos discutidos pela sociedade e transformados em leis, sem as quais não se poderia pensar sequer em democracia. Daí a importância de ler cada um dos textos aqui presentes, pois que representam uma espécie de formação em história contemporânea brasileira, sob a égide do que, em um longo processo eivado de lutas renhidas, foi construído e institucionalizado na Constituição e nos Códigos civis e penais.

O que Marcelo Uchôa nos oferece é também um caminho para a retomada do pacto democrático para que voltemos a nos orgulhar do mais lindo de todos os países.

Boa leitura!

Leonardo Attuch, São Paulo, julho de 2022

Sumário

Primeira parte
Do golpe ao bolsonarismo

Ministério Público: verdade dogmática & verdade factual 17
Impeachment, a corrupção agradece 21
Mais Médicos programa danoso? 23
Redução inconstitucional 24
Retrocesso social inaceitável 25
Peticídio 28
Joguete do destino 30
De volta ao PT 31
Lula e guilhotina 34
Tsunami judiciário 37
Manifestações do PIB 40
Caiu a ficha? 43
Direito de resistência e autodefesa social 45
Rolezinhos do Bolsonaro 55
Golpe e retrocesso laboral 57
Lula e os concursados 61
Leonardo Boff e a reinvenção da política 62
Ideologicamente falso 64
História sem Dilma não é história 65
Quadrilha Judiciária? 67
Lula candidato sim 69
Voto cerceado 71
Estelionato espiritual 72
Itamaraty escatológico 73
Chanceler desacreditado 74
Ilona Szabó, MBL e "desconvite" 76

Prisão de Temer 78
Violência contra a sociedade brasileira 79
STF no cadafalso 82
Lava Jato: sobrinha do tio SAM? 84
Interdição, já! 87
Fora Bolsonaro, Diretas Já! 88
Casa de loucos 90
Bolsonaro provocou perplexidade e vergonha na ONU 91
Deem uma chance ao presidente, investiguem-no! 92
Vexame judiciário 94
"Lula e a Espiritualidade" no Ceará: mobilização intensa e emoção 95
Impedimento, já! 97
Impeachment agora ou nunca 100
Autogolpe não, *impeachment*! 101
Presidente Peter Pan 102
Brasil no século XXI: de gigante a vassalo 105
Bolsonaro, pandemia e pandemônio 107
Escrúpulos às favas 115
Dois anos de ABJD 117
Qualquer coisa já para destituir o tirano 119
Precarização do trabalho precário 121
Vacina e *impeachment*, já! 122
Jornalistas em risco 123
Moro, o antijuiz 126
Walter Delgatti, herói sim! 129
A queda de um imprestável 132
Ditadura, História sem glória 136
Lira e onipotência inexistente 137
Um sociopata na presidência 139
O presidente do Brasil é um delinquente 143
Lava Jato terrorista 144
Boa-fé não, *impeachment*! 146
Genocídio brasileiro 147

Vacinar criança é obrigação 148
Tirania à vista 150
Terrorismo por intolerância política 151

Segunda parte
Por uma política de drogas

Descriminalização das drogas 155
As drogas e o encarceramento feminino 157
O dia em que o governo americano drogou seu povo 158

Terceira parte
O mundo é aqui

Eleições democráticas na Venezuela 163
Folha, vá à Venezuela 165
Israel-Palestina: a Casa Branca e o acordo de um lado só 167
Faroeste Hollywoodiano 170
Golpe na Comissão Interamericana de Direitos Humanos 171
Free Assange 173
Stop the count! 175
Por que cortaram Trump na TV? 176
Mesmo com Ucrânia armada até os dentes, não será simples derrotar Rússia 178

Primeira parte

Do golpe ao bolsonarismo

MINISTÉRIO PÚBLICO: VERDADE DOGMÁTICA & VERDADE FACTUAL

Diante de especulações que sugerem que, em resposta às investigações de políticos na Operação Lava Jato, o Congresso se mobiliza para instalar uma CPI contra o Ministério Público, com o fito de apurar suposto vazamento na lista de investigados apresentada ao STF na semana passada, há de se ponderar algumas questões.

Inicialmente, mesmo não se sabendo se essa estratégia existe e, em existindo, se irá vingar, o que parece razoável supor é que, havendo uma iniciativa, ainda que por mera retaliação, de resgatar-se a PEC 37, dificilmente haverá uma nova rejeição.

Em 2013, recorde-se, a aprovação bateu na trave. Tardassem mais uma semana os protestos de junho e o texto seria aprovado sem maiores dificuldades. Até porque no Congresso havia uma maioria relativamente bem consolidada, convencida de que as atividades investigativas do Ministério Público estavam frequentemente conflitando com as atribuições constitucionais próprias da polícia judiciária, de modo que deveriam ser centralizadas nesta última.

Vieram, porém, as manifestações e, com elas, um grito coletivo contra a PEC 37, forçando o recuo parlamentar. Apesar disso, poucos hão de crer que aquele público que outrora saíra às ruas contra o suposto atentado ao Ministério Público, hoje lembra-se do conteúdo da PEC ou sequer recorda-se dela.

Isto se explica pelo fato de a canalização da rebeldia para a rejeição da Emenda não ter passado de uma estratégia de manipulação de massas, milimetricamente calculada e posta em marcha pela mídia comprometida com esse resultado, com o único e manifesto objetivo de centrar a atenção dos autoproclamados "indignados" num tema, desviando-os do eixo realmente caro à discussão, a saber, a Reforma Política. Junto a isso, restou claro e evidente também o afã de desgastar o governo, a um ano das eleições presidenciais.

Mas será que há alguém disposto a ir novamente às ruas para centrar sua discussão numa bandeira que, definitivamente, não é a mais importante (o Ministério Público), deixando de protestar pela imprescindível Reforma Política? Provavelmente, duas vezes, não!

Primeiro, porque já se sabe que o que importa para o futuro do país, verdadeiramente, é a Reforma Política. Combater a corrupção sem fazer a essa Reforma é o mesmo que enxugar gelo. Segundo, porque outra razão é, de fato, a evidência de um incômodo com a usual postura de "xerifão" de certos membros do Ministério Público (Judiciário idem, em escala menor). Falo de pessoas que por um lado se acham com o direito de supor que todo mundo é delinquente, enquanto, por outro, se colocam acima de qualquer suspeita, como se divindades fossem, e não, como todos os demais, meros mortais.

A dura realidade é que dificilmente há alguém hoje que faça política no Brasil, a quem cumpra ordenar despesas, que não sofra com algum tipo apreensão pela possibilidade de, um dia qualquer, ser surpreendido com uma ordem judicial de prisão. Por mais séria que seja a pessoa, até que ela comprove a inocência, sua honra já foi para o sempre maculada. Quem há de querer um trauma desses para si e para a família?

Lamentavelmente, é esse o caminho que está sendo ladrilhado pelos que se deleitam com a onda de criminalização da política ora em curso no país. Quisera tivessem ao menos a consciência de o quanto isso afasta do trato com a coisa pública, por puro temor, brasileiras e brasileiros que bem poderiam estar contribuindo com a nação.

Ora, se a ideia é institucionalizar a judicialização da política no país, o objetivo parece ser esse. Que venham à nossa mente as lições de Hannah Arendt para assimilação mais adequada de conceitos como política e verdade factual, e de suas interações com o Direito dogmático e a Justiça.

É que política não se prescreve, tampouco se realiza baseada em códigos ou normas pétreas. Política é uma coisa, e Direito, dogmaticamente considerado, é outra. De modo que não é estranho que a verdade factual da política se distinga da verdade jurídico-dogmática.

Trata-se de uma constatação espantosa, porém, o fato é que quem é legitimada, periodicamente, pelo povo, através do voto, é a verdade político-factual, e não a verdade dogmático-jurídica. Pela ótica invertida, o político, por ser um cidadão de dever social diferenciado, carrega consigo um bônus e um ônus: o bônus de poder expressar-se com garantia de imunidade; o ônus de submeter-se a um julgamento popular, direto e universal, a cada processo eleitoral. Não se pode desconsiderar, e muito menos desprezar, a importância e o peso que esse fato tem para a democracia, sobretudo num Estado que se quer democrático de Direito, como é o caso do Brasil.

Pois bem! Se os "senhores da lei", que não obstante bem letrados, não foram preparados nem legitimados para a política, querem agora balizar a verdade factual dela decorrente, que pelo menos reconheçam um fato óbvio: que diante de conjunturas de processos políticos, institutos jurídicos como culpa e dolo, erro e fraude, equívoco e má-fé, absorvam conotações em gradações diferentes dos conteúdos estritamente dogmáticos impingidos pela lei, não raramente cega aos fatos sociais e descompassada do *timing* das circunstâncias.

É passada a hora de refutar-se a ideia presunçosa e arrogante de que o Brasil precisa de "homens-santos" porque os demais são infectos. O país precisa de razoabilidade, de interpretação da lei com base no bom senso, desde a investigação, durante o curso do processo, na condenação, até no final cumprimento da pena. É assim que a justiça se perfaz.

Por que há de se atribuir, *prima facie*, mais crédito a um depoimento obtido por delação premiada do que à palavra de alguém que sequer foi formalmente acusado? Será que não se percebe que aceitar um fato desses significa consentir automaticamente com o absurdo de suprimir um princípio constitucional tão relevante como a presunção de inocência, ante a palavra de alguém já induvidosamente criminoso, e que ora lucra com a má palavra?

É preciso acabar de vez com a hipocrisia de sustentar que agir razoavelmente, exigindo lógica e provas do que é delatado, seria compactuar com a impunidade. É preciso renunciar à concepção de que a força é mais eficiente que o devido processo legal, que a razão de alguns iluminados é mais apurada que a razão do povo, expressa pelo voto. Afinal de contas, o Brasil é uma democracia ou é uma aristocracia ministerial-judiciária? O que se quer alcançar: justiça no caso concreto, ou justiçamento pelas imperfeições da política, imperfeições cujas origens estão na forma estrutural do Estado brasileiro, muito além, portanto, de um processo judicial?

Mas qual será a solução para esse problema, resgatar a PEC 37? Não, notadamente se a razão for a pura retaliação. Eliminar o Ministério

Público ou suprimir suas prerrogativas constitucionais? Muito menos. Ninguém há de duvidar da importância do MP para a República, tampouco questionar a relevância do aparato Judiciário para o funcionamento do Estado.

Urge, de outro lado, seja dado ponto final às tentativas midiáticas de rotular, com a pecha da criminalização, as instituições do país. Imensos grupos econômicos, verdadeiros cartéis da comunicação, muito bem impulsionados, estão por trás dessas investidas, com propósito de ampliar suas redes de cooptação e fortalecer seus já vultosos e lucrativos empreendimentos e, não raro, livrar-se de imbróglios judiciários em que estão metidos.

Do ponto de vista jurídico, a solução para o dilema é simples. Investigue-se quem tiver que investigar, mas sem invadir a vida de quem, de fato, não exibe razão para ter a vida vasculhada. Não se publicite acusações sobre alguém que sequer teve o direito de conhecer o teor daquilo que terá prerrogativa legal de contestar. Não se repute a ninguém a mácula de criminoso, antes de uma sentença condenatória decorrente de um processo justo.

Do ponto de vista político é que se deve fazer um exercício relativamente maior. Sem precisar entrar em conflito com competências de Poderes e de instituições, que se busque, incisiva e ostensivamente, uma Reforma Política, pois é no sistema eleitoral do país, sobretudo no que tange ao financiamento empresarial das campanhas eleitorais, que reinam as contradições que superpõem, de um lado, a boa política, do outro, a política nefasta.

Para isso, há de se reconhecer que alternativa não há, senão apoiar a convocação de um plebiscito autorizativo da instalação de uma Assembleia Nacional Constituinte específica, com competência de deliberação única e exclusiva sobre Reforma Política.

Dada a conjura nacional, ou será assim, ou não será de nenhum jeito. Argumentar contrariamente, seja com sofismas jurídicos ou com reverberações ideológicas, é pura candura ou então hipocrisia de quem não pensa no Brasil, de quem sente felicidade na decomposição moral e jurídica do país, de quem torce pelo subdesenvolvimento e pela eterna submissão desse gigante latino-americano às economias do hemisfério norte e ao mercado financeiro internacional.

E, tão imperiosa quanto à Reforma Política, é a regulamentação dos limites de ação desses oligopólios privados de comunicação do país. Mas isso é assunto para outra prosa.

(Brasil 247: 13 de março de 2015)

IMPEACHMENT, A CORRUPÇÃO AGRADECE

Embora não esteja filiado ao PT, sempre votei no PT, inclusive nas últimas eleições presidenciais. E, até por isso, cumpre expressar o que penso sobre o que está acontecendo neste grave momento.

Primeiramente, não penso que a corrupção da Petrobrás deva ser empurrada pra debaixo de algum tapete, antes o contrário, quem quer que tenha roubado do erário ou mesmo se locupletado com um lobby ou com informações privilegiadas que vá mesmo para a cadeia. Tampouco concordo com as últimas políticas da Dilma (notadamente quanto ao ajuste fiscal), que são deveras temerárias e podem sim, hora ou outra, pesar sobre as costas do povo mais humilde.

Creio até que, de certa maneira, tem razão quem afirma que teria sido mais honesto se estas medidas houvessem sido tomadas antes das eleições, se de fato desde lá já se sabia da necessidade delas. Entendo que isso aconteceu somente agora porque ocorreram conjuntamente a crise internacional do petróleo e a desestabilização da Petrobrás. Mesmo assim, é forçoso reconhecer, tem razão quem fala em traição.

Tampouco vou ser hipócrita a ponto de vociferar que a insatisfação com a Dilma emana somente das elites (eu mesmo não estou inteiramente feliz!). Apesar de que quem bateu em panelas no domingo passado e que neste domingo se reuniu na Praça Portugal, com direito a trio elétrico, cânticos patrióticos, orações e, inclusive, reverberações militares, foi gente da classe média média e da classe média alta. Isso é indiscutível, como também é indiscutível que boa parte dessa gente é de natureza egoísta e está mais irritada com a melhora das condições econômicas das classes D e E do que propriamente com as últimas medidas da Dilma.

Enfim, tudo pode até mudar a partir de amanhã, mas foi esse o cenário da semana passada, e se repetiu há pouco na parte nobre da Aldeota. Até aí, tudo bem, mas querer que eu concorde com quem sai às ruas pedindo o *impeachment* de uma presidenta democraticamente eleita há pouco mais de cinco meses... com isso não concordo nem concordarei. *Impeachment* requer vinculação da autoridade acusada ao suposto fato delituoso e isso absolutamente não aconteceu no caso da Dilma.

Uma pessoa pode até sair às ruas gritando "Fora Dilma!", como aliás eu mesmo fiz com FHC. Mas é horrível nesse momento, porque, ao contrário do instante em que aconteceu no período FHC, a Dilma acaba de iniciar seu atual mandato... Enfim, estamos numa democracia, na qual é salutar que segmentos insatisfeitos da população manifestem suas posições. Devo porém salientar que sair por aí pedindo *impeachment* esbarra em uma impossibilidade, porque, efetivamente, não há direito a isso.

É importante lembrar que no caso do ex-presidente Collor foram a OAB e a ABI que o acusaram formalmente de corrupção, e não a simplesmente a oposição. E, ao contrário do caso Collor, não há hoje vinculação da autoridade denunciada com a corrupção. Ao contrário, o Ministério Público não incluiu Dilma sequer na lista dos supostamente corruptos envolvidos na Operação Lava Jato.

Por isso, é mister dar um crédito à nossa jovem democracia indo todos às ruas exigir Reforma Política. Pois, ao lado da endemia cultural que afeta nossa nação e que também precisa ser enfrentada, é o financiamento empresarial das campanhas eleitorais do país que representa um dos maiores propulsores dos males vinculados à corrupção na vida pública.

Ser contra atacar o verdadeiro mal, neste caso, é ser contra o Brasil. Afinal de contas, é preciso saber o que querem os insatisfeitos: é tirar a Dilma só por tirá-la e livrar-se do PT? Ou é dar um correto golpe na corrupção do país?

Resta-nos lutar e torcer para que o povo brasileiro em seu conjunto não seja manipulado pela claque reacionária tupiniquim e/ou pelos cartéis de comunicação nacional, historicamente a serviço de interesses internacionais. Corrupto e corruptor estão por certo muito satisfeitos com a polêmica do *impeachment*, porque ela desfoca a discussão do eixo central, do problema real.

(Março de 2015)

MAIS MÉDICOS PROGRAMA DANOSO?

A edição do Jornal O Povo do último dia 30/03 registrou fato inusitado na história cearense: ladeada pelos senadores Tasso Jereissati, do PSDB/CE, e Ronaldo Caiado, do DEM/GO, tomou posse da diretoria do Sindicato dos Médicos no Estado a Dra. Mayra Pinheiro, suplente de deputada federal pelo partido tucano.

Não obstante as qualidades profissionais e a liderança à frente da categoria, a Dra. Mayra Pinheiro ficou conhecida nacionalmente ao participar do fatídico episódio de 2013, em que médicos locais recepcionaram, com vaias e aos gritos de "escravos", colegas cubanos que vieram se integrar ao programa Mais Médicos, à época recém-lançado.

O que chamou atenção na notícia sobre a solenidade de posse foi a informação de que, para a nova presidente, o programa Mais Médicos é "danoso" à população."

Como se sabe, tal programa foi introduzido no país em 2013, no primeiro mandato da presidenta Dilma. Segundo o portal do Ministério da Saúde, congrega atualmente 14.462 médicos, dentre brasileiros e estrangeiros, distribuídos em 3.785 municípios (68% do total nacional), além de 34 Distritos Sanitários Indígenas (DSI), beneficiando, diretamente, 50 milhões de brasileiros. Imenso contingente humano que, até então, precariamente gozava, ou sequer usufruía, de assistência médica em atenção básica, apesar de a saúde ser "direito de todos e dever do Estado", consagrado no caput dos arts.196 e 6º, da Constituição da República.

Além disso, o programa constitui-se numa série de ações de infraestrutura e de formação profissional, representadas no investimento em expansão e melhoria da rede de saúde e formação médica, com destinação de R$ 5,6 bilhões para melhoria das Unidades Básicas de Saúde (UBS) e R$ 1,9 bilhão para ampliações de Unidades de Pronto Atendimento (UPAs), estando 79,2% das UBS em obras e 363 de 943 UPAs, mais de um terço, já concluídas. Quanto à formação médica, há previsão de criação de 11,5 mil novas vagas de graduação em Medicina (4.460 já autorizadas, sendo 1.343, em instituições públicas, e 3.117, em instituições privadas) e 12,4 mil vagas de residência médica especializada em atenção básica, 2.822 das quais já autorizadas em 2014.

Levando-se em conta que a Dra. Mayra Pinheiro ostenta, agora, a relevante condição de dirigente sindical, responsável, portanto, não apenas corporativamente, mas socialmente por aquilo que afirma, seria interessante que ela viesse novamente a público explicar de que modo compreende que o programa Mais Médicos é danoso à população.

(Março de 2015)

REDUÇÃO INCONSTITUCIONAL

Não raro vê-se o debate sobre a redução da maioridade penal. Atualmente, o art.18 da Constituição reza que menores de 18 anos são inimputáveis. A polêmica volta a lume com a PEC 171/93.

Muito poderia ser dito sobre a ineficácia da redução da maioridade para 16 anos na diminuição da violência. Comecemos por dizer que é falso afirmar que adolescentes estão isentos de privação da liberdade, pois o Estatuto da Criança e do Adolescente estipula, dentre suas medidas socioeducativas, a internação, e por isso é considerado lei da espécie das mais rigorosas do mundo.

Dentre os adolescentes hoje apreendidos, 43,6% o são por motivos de crimes patrimoniais, 26,6% por tráfico de drogas e só 0,9%, por crimes contra a vida. Ou seja, o sistema nacional tem sido é severo, quando deveria aplicar medidas alternativas. A Espanha e Alemanha, dentre outros países que reduziram a maioridade penal, retrocederam por atestarem a ineficácia da medida na prevenção da violência infantojuvenil, somente viável com políticas públicas que desviem o público da criminalidade. Os jovens do país já são exterminados fora das prisões, pois, conforme nos revela o Núcleo de Violência da USP, 87,6% do total de vítimas de homicídios no Brasil tem entre 15 a 19 anos. Devemos ainda lembrar que a proteção integral prevista na CF/88 encontra eco em inúmeras normas internacionais.

Muito poderia ser dito sobre o tema, enfim. Mas bastaria sublinhar que, apesar de o art.228 da CF não se inserir no Título II, que elenca os direitos fundamentais, é elementar que sua previsão consta de um direito fundamental do adolescente, de modo que a redução da maioridade está impedida de ocorrer por força do art. 60, §4º, IV, da Carta, que veda proposta de emenda tendente a abolir direitos e garantias individuais. Isto é, a proposta em debate é INCONSTITUCIONAL. Sequer nova Constituição poderia efetivá-la, por incidência do princípio do não retrocesso social, ou da Cláusula De Proibição De Evolução Reacionária, como nomina o mestre português Canotilho.

(Abril de 2015)

RETROCESSO SOCIAL INACEITÁVEL

Aprovado na noite de ontem, na Câmara dos Deputados, com amplíssima maioria de 324 votos a favor e somente 137 contra, o Projeto de Lei n. 4.330/04, do ex-deputado Sandro Mabel (PMDB/GO), impõe-se, desde já, como alternativa (a pior) às formas de contratação de trabalho no país, permitindo a terceirização em todas as áreas de atividades das empresas, inclusive nas atividades fim.

Numa operação a fórceps liderada pelo presidente da Câmara, Eduardo Cunha (PMDB/RJ), o PL 4.330/04, que dormitava na Casa há mais de uma década, ganhou condição de urgência, sendo apoiado abertamente pelas bancadas parlamentares de quase todos os partidos do parlamento, à exceção de PT, PCdoB e PSOL, que orientaram seus deputados pelo voto contrário à proposição. Partidos que diziam defender bandeiras trabalhistas, como PDT, PTB, PSB e Solidariedade, optaram por orientar as bancadas pelo voto favorável à proposta. Juntou-se a eles o PMDB, que, cada vez mais próximo ao PSDB e DEM, faz clara oposição ao governo da presidenta Dilma Rousseff na Câmara. Isso apesar de, no Executivo, conduzir importantes ministérios e ocupar estratégicos espaços diretivos, um dos quais representa a própria articulação política do governo, através do vice-presidente Michel Temer.

Como se sabe, atualmente, a terceirização, ou seja, a prestação de serviços contratada através de terceiro intermediário, encontra fundamento na Súmula 331, do TST, a qual facilita a citada possibilidade apenas nos casos do trabalho temporário da Lei n. 6.019/74, bem como em áreas de vigilância (Lei 7.102/83), conservação e limpeza, além de serviços especializados ligados à atividade-meio do tomador de serviços, desde que não existam pessoalidade e subordinação direta na relação entre o tomador e a mão-de-obra avocada. Ainda assim, a súmula prevê a responsabilidade subsidiária do tomador, seja este integrante ou não da administração pública direta ou indireta, na fiscalização e no adimplemento das verbas trabalhistas não quitadas pela empresa interposta (prestadora) com os trabalhadores terceirizados.

O que pretende a Corte trabalhista com a Súmula 331 é evitar a aplicação da terceirização em todas as atividades da empresa, vinculando-lhe à responsabilidade direta os encargos laborais oriundos das prestações de serviço fundamentais ao seu funcionamento e garantindo, aos respectivos trabalhadores, a segurança da aproximação imediata com o patrão, para fins de percepção das contraprestações devidas, especialmente salários, dentre outras obrigações laborais.

O problema todo da terceirização reside na constatação histórica de que os serviços contratados mediante esta forma de regulação adquirem nuances de maior precariedade que a contratação de trabalho convencional regida pela CLT. Para começar, na terceirização, contratam-se serviços, enquanto no modelo convencional, contratam-se pessoas. Desde aí, inúmeras diferenças há, em tratamento jurídico, entre um instituto e outro.

A proteção sindical dos empregados do quadro próprio do tomador de serviços é uma proteção mais sólida e eficiente, pelo fato de eles formarem uma comunidade homogênea. Essa situação difere daquela dos trabalhadores vinculados ao regime de terceirização, não raro submetidos a uma escala rotativa em diferentes locais de trabalho, que os torna invisíveis à proteção dos respectivos sindicatos, dificultando-lhes a mobilização e a participação nas políticas sindicais.

Por consequência, os salários e as condições gerais laborais dos trabalhadores terceirizados são, normalmente, piores que os dos empregados contratados segundo o modelo padrão. Cria-se um profundo mal-estar no âmbito interno organizacional, na medida em que parte do quadro laboral é mais desguarnecida em segurança que outra parte, mesmo despendendo o conjunto da força de trabalho em um único ambiente empresarial.

Ainda em função dessa maior precarização conjuntural, estando mais vulneráveis a riscos, os trabalhadores terceirizados se submetem a jornadas laborais mais rigorosas e extensas. E sofrem mais acidentes de trabalho, situação que automaticamente implica em elevação de gastos estatais com assistência médica e proteção securitária.

A possibilidade de fraude no sistema de contratação via terceirização é infinitamente maior que no sistema padrão, uma vez que, não raramente, a terceirização é consumada através de contratação de pessoas jurídicas irregulares (via pejotização), ou, mesmo, de falsas cooperativas de trabalho, organizadas com o fim único e exclusivo de surrupiar direitos laborais e custeios previdenciário e fiscal.

Agora some-se a toda precarização narrada no âmbito do direito privado o risco que o precedente do PL 4.330/04 impõe à administração pública, se para ela estendido, onde, via de regra, atividades-meio já são terceirizadas. Pouco faltará para o fim dos concursos públicos, da carreira estatutária.

É inequívoco, portanto, que a proposta legislativa em lume possui intenção deliberada de ferir a dignidade do trabalhador, vilipendiando a Constituição de 1988 em inúmeros artigos, dentre os quais: o artigo 1°, inciso II, que destaca a dignidade da pessoa humana como um dos fundamentos da República; artigo 3°, incisos I, II e IV, que, consequentemente, conclamam a construção de uma sociedade justa, a erradicação das desigualdades sociais e o combate a todas as formas de discriminação; artigo 7°, inciso XXII, que propaga a redução dos riscos inerentes ao trabalho; artigo 8°, caput, que consagra e promove a associação sindical; além do artigo 170, que reza que a ordem econômica nacional deve fundar-se na valorização do trabalho humano e na livre iniciativa, para o fim de assegurar a existência digna a todos. Além disso, ignora todas as disposições da legislação infraconstitucional que se dedicam ao combate da precarização do trabalho, bem como as que enfrentam as condutas antisindicais. Finalmente, o PL 4.330/04 também faz ouvidos de mercador para a existência do princípio do não retrocesso social, segundo o qual impõe-se como impossível, alteração do ordenamento jurídico a pior, sobretudo no que diz respeito aos direitos sociais. Diante disso, os trabalhadores devem endurecer a defesa contrária à medida recém aprovada na Câmara, cobrando, do Senado, seu rechaço e, havendo necessidade, da presidenta

Dilma Rousseff, o veto. Tal defesa deverá desdobrar-se em esforços para demover o Congresso da fatídica invenção legislativa.

A alteração laboral do PL 4.330/04 é o mais grave atentado ao direito dos trabalhadores havido, no Brasil, desde 1967, quando, instituído o regime de FGTS, passou-se paulatinamente a combalir a estabilidade decenal prevista pela CLT. Tal modificação marcou época ao sedimentar a institucionalização do desequilíbrio entre as forças que compõem a relação de trabalho, patrões e empregados, cuja natureza já era, por si só, desnivelada. Hoje, o PL 4.330/04 ameaça aprofundar este desequilíbrio, precarizando ainda mais as condições de trabalho e o sistema de fiscalização e proteção laboral, sobretudo o sindical.

É absolutamente inaceitável que uma vulneração trabalhista dessa natureza aconteça em pleno regime democrático.

Em tempo: não custa lembrar que a terceirização, como já mencionamos, foi inserida no ordenamento nacional, primeiramente, para o trabalho temporário, por disposição da Lei n. 6.019/74, sendo, ela mesma, herança perversa do período militar.

(Abril de 2015)

PETICÍDIO

Após a regulamentação do feminicídio, o andar da carruagem no país indica que logo terá que ser discutida a inclusão do peticídio como novo tipo de homicídio qualificado no Código Penal Brasileiro. Este presumível extermínio de petistas por razões de ódio político tem sido motivado pela irresponsabilidade de uma mídia fascista, que há muito optou por abandonar ao segundo plano o compromisso com a verdade. Ela quer é patrocinar ataques por cima de ataques ao governo e suas principais lideranças, apenas pela sede de poder. Nem que para isso tenha que jogar na latrina o próprio país, suas conquistas econômicas, a boa imagem lograda internacionalmente e as históricas vitórias sociais obtidas na última década.

Episódios outrora isolados, havidos com as hostilizações públicas aos ex-ministros Mantega e Padilha, com as erupções de ódio manifestadas nas redes sociais, carregadas de preconceitos de gênero contra a presidenta Dilma, as quais já vinham sendo alimentadas desde a Copa das Confederações pela elite mesquinha e abjeta do país (por pouco não transformadas em violência física, após um psicopata driblar a segurança presidencial no exterior), agora deploravelmente se convertem em atentado terrorista contra, nada mais, nada menos, o ex-presidente Lula. Quanta ingratidão, quanta ousadia! E, ante tudo isso, a imprensa tradicional brasileira continua a tratar o tema como um fato normal, sem quaisquer implicações maiores com a segurança nacional. Revoltante!

Indignante também é a constatação de que, passados dias do atentado ao Instituto Lula, os bandidos já não estejam na cadeia. Ainda mais quando câmeras de segurança registraram a ação terrorista do início ao fim. Ponto negativo, aí, para o governo, que, a exemplo do Ministério Público e do Judiciário, é meteórico além da conta em certas ações policiais quando para comprometer o PT, e demasiadamente letárgico em momentos críticos como este. E ponto negativo, também, para o próprio Partido dos Trabalhadores, que permanece respondendo timidamente a este tipo de provocação, quase como se lidasse com um problema individual.

Pois bem! Ou o governo e o PT reagem energicamente contra estas atrevidas, desonestas e, agora, perigosas investidas da direita organizada, refutando-as com todo rigor da lei e demonstrando, por ações políticas concretas, que se orientam pelo bom senso e pelo social (e aí valem desde pautar o controle social da mídia até tributar grandes fortunas para aliviar o peso do ajuste fiscal sobre os trabalhadores), deixando claro que na eventualidade de uma cisma estarão ao lado do povo, ou então depois não terão o direito de acusar a população esclarecida de haver recolhido suas bandeiras e se retraído em seus lares, para assistir, via lentes da infecta telinha, a parada militar.

Acabou o clima para brincadeiras.

(Agosto de 2015)

JOGUETE DO DESTINO

Os concursos irão acabar e os vencimentos irão congelar? Que joguete do destino com os setores da população brasileira que mais se beneficiaram nos últimos 15 anos com concursos públicos: privilegiados de classes média e média alta, que atualmente não pensam duas vezes em defender "pautas bombas" no Congresso para afundar o governo.

Eis que é chegada a hora de comprovarem agora o propalado mérito na iniciativa privada, porque no serviço público acabou-se o que era doce. A menos que o foco da indignação mude e, em vez de os "patriotas" usarem a camiseta canarinho para pedir a queda da presidenta, decidam ir às ruas apoiar o governo na luta pela realização de reformas fundamentais para o país: uma reforma tributária, que implique na taxação das grandes fortunas, especialmente das grandes heranças; uma reforma política de verdade, que inviabilize a continuidade da bancada da barganha no Parlamento, cujas ações promíscuas incham e oneram insistente e permanentemente o Estado; uma reforma agrária, que priorize a agricultura familiar e o desenvolvimento dos comércios locais. Além de uma ampla reforma na comunicação pública e privada brasileira, que redunde no compromisso com a difusão da verdade, a partir do controle dos cartéis econômicos de mídia, que tencionam todo dia a saída de investidores do país, plantando mentiras, difundindo negativismo e espalhando ódio. Isso a ponto de agourar até mesmo a autoestima do povo em momentos únicos da história do protagonismo do país no mundo, como no Mundial de Futebol, na Copa das Confederações, em reuniões de BRICS, Olimpíadas etc.

Se tiverem tal lucidez, esperamos que igualmente mostrem os apequenados (ultimamente travestidos de patriotas) indignação contra os reajustes exorbitantes e até desiguais entre categorias, que aviltam o equilíbrio atuarial do país. Que se voltem contra a construção de shoppings e renovação de frotas de veículos funcionais unicamente para a satisfação dos caprichos da classe política. Enfim, que combatam os penduricalhos daqui e dali, que sangram intermitentemente o Estado nacional. Sem falar das medidas mesquinhas e irresponsáveis como detonar uma CPMF criando um subfinanciamento na saúde, escrachar uma Petrobrás, um BNDES, expondo-os da forma mais vil possível para o mundo do mercado, sem qualquer tipo de receio ou proteção contra os revezes que isso pode causar – dentre tantas outras ofensivas assacadas com frequência, com as bênçãos de deuses e semideuses da Justiça midiaticamente iluminados.

Urjamos, porque serão nossos filhos, e não os filhos dos donos do Itaú e da Globo, que pagarão a conta pela irresponsabilidade de se optar por quebrar um país para derrubar um governo. E não nos maldigamos, agradeçamos o fato de que no comando da nação está a presidenta Dilma. Porque se fosse a oposição rasteira e descompromissada que está aí, certamente seria pior. As medidas de ajuste fiscal recém anunciadas pelo ministro porta-voz do *modus* neoliberal de pensar a economia são fichinha diante do que poderia ter sido se fosse outro no Palácio do Planalto. E nada são diante do que ainda poderá ser, caso não haja uma mudança de atitude da sociedade brasileira, no sentido de unir-se aos movimentos sociais e apoiar o governo na tomada das relevantes medidas já citadas.

Dúvidas? Basta lembrar do período FHC.

(Setembro de 2015)

DE VOLTA AO PT

Na última sexta-feira, 25/09, manifestei publicamente meu desejo de requerer refiliação ao PT, partido ao qual estive formalmente vinculado durante 19 anos, entre 1994 e 2013, com militância espontânea remontando a 1988. Com sua sobejamente conhecida perspicácia de análise, o jornalista Eliomar de Lima, ao comentar o fato em seu blog, reverberou trecho de minha carta de desfiliação em que asseguro que, para minha decisão de saída, "*não havia nenhum motivo específico, senão um conjunto de fatores, entre os quais a opção do partido por 'gerenciar um modelo econômico neoliberal, priorizando, muitas vezes, o desenvolvimento econômico antes do desenvolvimento humano*'". Ao final, o cronista político oportunamente arrematou: "*VAMOS NÓS – O que mudou com a era Joaquim Levy?*". O questionamento é válido e, sem sombra de dúvidas, me impõe a necessidade de explicar o porquê da decisão de retornar ao Partido dos Trabalhadores, justamente agora no momento em que a política econômica do governo mostra sua faceta mais neoliberal.

Pois bem. Inicialmente, destaco que, apesar do curto espaço temporal de dois anos, os cenários políticos nacionais ao final de 2013 e neste tumultuado 2015 são inteiramente diversos. Se no segundo semestre de 2013 a presidenta Dilma gozava de respeitável popularidade, mantendo o controle da administração do Estado em suas mãos, hoje a situação é inversa, com os índices de aprovação do executivo marcando os níveis mais rasteiros da era Lula-Dilma, escapando da presidenta o controle da administração estatal, sendo possível afirmar que a mesma está refém de uma circunstância que lhe é infligida por partidos outros que não o seu, pessoas outras que não as de sua confiança, chegando-se ao extremo de haver que lutar pela manutenção do mandato legitimamente obtido nas urnas, ante uma hipótese de *impeachment* forçosamente requisitada não pelas razões de justiça, mas porque a elite nacional, submissa ao capital internacional, com o apoio aberto dos cartéis econômicos de mídia e de setores conservadores do sistema de Justiça, assim o querem.

Dessa maneira, diferentemente de outrora, não confundo o governo federal com o Partido dos Trabalhadores. Em 2013, a política econômica da presidenta Dilma, por mais ortodoxa que fosse, se não agradava, pelo menos contemplava a maioria do Partido, habituada à constância de um desenvolvimento que se revertia em benefícios sociais (sobre os quais jamais neguei a relevância), mormente nem de longe resolver os problemas estruturais do Estado. Ou seja, a pauta econômica prestigiava o fortalecimento do capitalismo, mas o governo ladrilhava, até então, uma rota em comum acordo com a indústria nacional, com o capital brasileiro, com a infraestrutura do país, que desafiava a concentração de renda e proporcionava relativo bem-estar – nada comparado com agora.

Atualmente, o governo foi tomado de assalto por agentes de *wall street* pouco ou quase nada sensíveis às metas de crescimento da indústria nacional, de geração de empregos, de melhoria de condições de vida para os brasileiros em geral. O objetivo é contemplar o mercado financeiro, mesmo que isto signifique a subversão da ordem jurídica, a evasão de divisas, a recessão, a derrocada do Estado nacional.

Para manter a democracia brasileira incólume e garantir sobrevida a uma Constituição que já ultrapassa um quarto de século, a presidenta é forçada a ceder às chantagens do neoliberalismo puro. Não por acaso, as forças majoritárias do PT, endossadas por economistas, juristas, sociólogos e intelectuais diversos do Partido, vêm agora se posicionando criticamente ao viés neoliberalizador do modelo econômico em curso, cuja assimetria indigna até o ex-Presidente Lula, fato notório. Vejo, portanto, um esforço do próprio Partido dos Trabalhadores em comprar uma disputa interna de governo, que, por um lado, fortaleça resistência às ofensivas antidemocráticas patrocinadas pela direita nacional e internacional contra o mandato da presidenta Dilma – do qual jamais abriremos mão, posto que legitimamente conquistado - mas, por outro lado, que eive a política econômica do país das notas financistas que visam tão somente aplacar o mercado à custa do sacrifício social.

O quadro tormentoso que ora subsiste, extra e intrapartidário, inclusive com defecções que consomem consciências inermes, desde militantes desconhecidos até ex-quadros nacionais do Partido, representa, também, momento oportuno para que o PT desinche, depurando-se de ativistas pusilânimes, que não se identificam com os propósitos filosófico-políticos que lhes são inerentes à natureza. O que abre, consequentemente, portas para que o Partido trace novos rumos. Não apenas para que faça as autocríticas que precisam ser feitas, como para que realinhe pensamentos e retome como farol de orientação certos princípios fundantes, que foram relegados ao segundo plano durante a trintenária jornada, como, por exemplo, o compromisso com a luta socialista, o apreço pela permanente formação crítica da militância e pela emancipação plena da classe trabalhadora e a busca pela conquista do apoio popular através dos melhores exemplos de gestão pública, até ontem considerados competentes, eficientes, justos e éticos.

Volto para o PT com a expectativa de poder contribuir com este necessário debate: corrigir os desvios internos e recuperar a coerência externa. Sem deixar de emprestar apoio irrestrito à presidenta Dilma, lutar para que o PT retome as rédeas do governo, pondo-se contrariamente às investidas econômicas - ajustes fiscais, como queiram - que eventualmente coloquem em risco os direitos da classe trabalhadora e a qualidade de vida da população necessitada. Retorno para resistir, para engrossar o coro dos que creem que somente com uma postura mais altiva, que recuse as chantagens do mercado financeiro; que enfrente os ataques dos cartéis econômicos de mídia; que se posicione firme na defesa do processo democrático e das bandeiras que valoram a dignidade humana - rechaçando propostas indecorosas da politica mesquinha, refutando com propriedade as disputas ideológicas entre os Poderes, denunciando mundo afora a grande conspiração política que se opera no país, é possível construir um Brasil melhor.

No Ceará, o governo petista estadual põe em marcha um modelo de gestão. Uma gestão que se consolida, a cada dia, pelo despojo de vaidades, pela conduta austera e transparente, e, principalmente, pela aposta no diálogo. Uma gestão cuja autoridade diz o que tem que dizer e faz o que tem que fazer, independentemente de interesses individuais e colorações partidárias, porém, sempre através da escuta, da reflexão conjunta e da ponderação sobre o que é certo, e o que é errado, o que é factível às contas públicas e o que é incompatível com o decoro. Considero isso um clarão para uma retomada de postura. Quisera o PT consiga, a partir do nosso entorno, reencontrar o caminho do equilíbrio, do crescimento com maturidade e da convicção pelo apego aos princípios mais caros à justiça social e à humanidade. É com essa esperança, inebriada de otimismo, que retorno ao Partido dos Trabalhadores.

(Outubro de 2015)

LULA E GUILHOTINA

Por fim chega a semana em que a massa ignara, anestesiada pelo coro alienante da grande mídia, poderá assistir ao constrangedor episódio de prestação de depoimento do ex-presidente Lula à Justiça paulista. Um expediente que se dará em audiência de caráter nitidamente intimidatório, produto de um processo judicial vexatório patrocinado por um membro do Ministério Público, dublê de bom samaritano, há muito conhecido da própria Justiça pelos arroubos de insensatez e o excessivo cometimento de arbitrariedades.

Chega a semana em que o Brasil poderá ver um ataque indigesto ao maior brasileiro de todos os tempos, que, apesar das inúmeras adversidades que a vida lhe impôs, saiu-se vencedor pela integridade de sua luta e coerência de caráter. O Lula da Silva, que de retirante nordestino a operário do ABC paulista tornou-se o maior e mais importante sindicalista do mundo. Que de destacado sindicalista à importante liderança política, gestou um dos mais sólidos e idealistas partidos políticos de esquerda do planeta. Que de dirigente partidário a presidente da República resgatou 30 milhões de conterrâneos da linha de miséria absoluta, consagrando-se como referência única de estadista, admirado em mais de uma centena de países, paparicado como "o cara" pelos mais influentes Chefes de Estado da atualidade. Um homem de tal envergadura que tem o título "honoris causa" reconhecido por dezenas das mais tradicionais academias universitárias mundiais.

O mesmo Lula que, há pouco mais de seis anos, deixava o Palácio do Planalto consagrado nos braços do povo, por haver agregado ao Brasil um ritmo de desenvolvimento econômico inusitado, garantindo, sobretudo às populações mais vulneráveis do país, um pouco de dignidade humana. O presidente do Bolsa Família, do Pré-Sal e das novas refinarias, do resgate da indústria naval, das novas universidades e institutos federais tecnológicos, do Prouni, do Fies, dos concursos públicos, do Minha Casa Minha Vida, do Luz para Todos, do Farmácia Popular, das UPAS, da transposição do Rio São Francisco, da Transnordestina, da Ferrovia Norte Sul, do primeiro brasileiro no espaço, do Brasil credor do FMI, líder do G21, do BRICS, do país da Copa do Mundo, das Olimpíadas... O presidente que resgatou a esperança de dias melhores, que levantou a autoestima da nação, dando aos brasileiros a satisfação de sentir-se mais importantes no mundo, pela primeira vez, por razões não esportivas.

A tentativa de incriminação de Lula, forçada a todo custo pelos "triplex de 80 m^2", pelos "barquinhos de alumínio", pelas "chácaras de fim de semana" etc., é contra Lula e contra tudo isso que ele agregou ao país. Contra ele, pelo preconceito, o engasgue de ter que admitir que não foi um branco rico letrado, mas, sim, um Silva operário pobre, retirante nordestino, que revigorou o país. E contra tudo o que agregou, única e exclusivamente porque o Brasil estava encontrando o seu caminho de prosperidade, estava prestes a consolidar, no presente, o futuro historicamente prometido, mas jamais materializado.

Se erros podem ser atribuídos ao ex-presidente Lula, um deles, sem dúvida alguma, foi acreditar que seria possível governar conciliando interesses da classe trabalhadora e da elite aristocrática. Infelizmente, a história recente do país provou que a luta de classes não permite meio termo. Jamais seria suficiente para os *yuppies* do mercado financeiro (em outros períodos da história, senhores de engenho, mineiros do ouro, barões do café) lucrar solidamente com a especulação bancária. Seria preciso deixar o povo no seu devido lugar de pobreza, na periferia do Estado. Cidadania, jamais!

Outro equívoco foi subdimensionar o risco que princípios como "liberdade de imprensa" e "liberdade de expressão" poderiam causar ao processo democrático. Liberdade alguma pode se confundir com autoritarismo, porque direito algum à liberdade pode ser interpretado de maneira absoluta. Quando os veículos de comunicação de um país se concentram em monopólios privados, com interesses comerciais e financeiros como os de qualquer instituição bancária, não há como garantir-se que a informação seja distribuída de maneira isenta. Apenas um controle social e a quebra do monopólio poderiam evitar as distorções que permitiram e continuam permitindo, por exemplo, que uma Globo, uma Veja, uma Folha digam o que bem querem, sem qualquer responsabilidade com a verdade.

Um terceiro erro foi negligenciar o robustecimento do Judiciário e do Ministério Público, tolerando, *pari passo*, o enfraquecimento do Executivo e do Legislativo, face os argumentos de corrupção administrativa e de falência moral parlamentar. Entregar para a atividade judiciária e ministerial o controle da atividade política significa delegar a pessoas sem legitimidade (via voto), não raramente, sem qualquer afinidade com o jogo democrático, a responsabilidade pela condução das incógnitas sociais que apenas o debate amplo e aberto pode resolver. A alegação do critério da meritocracia para justificar a intervenção desmedida de juízes e membros do Ministério Público nos processos políticos chega a ser perniciosa, pois há prejuízos imensuráveis para democracia quando se deixa de interpretar o mundo pelo idealismo, para interpretá-lo segundo a letra fria dos *vade mecum*.

É importante que se saiba, neste momento, que estes indivíduos são pessoas que, muito provavelmente, nunca fizeram movimento autêntico de classe, jamais leram poemas de Bertold Brecht em praça pública, não participaram de manifestações sob mira policial, sequer discursaram alguma vez inflamadamente diante de públicos hostis. São burocratas concursados, alienados politicamente e abduzidos pela midiatização dos grandes grupos de comunicação, que estão, sob pretexto de «salvar» o Brasil (salvar para quem?), brincando de fazer política e escoltando à guilhotina o ex-presidente Lula.

Que os trabalhadores deste país, pobres e explorados, em geral, abram os olhos. Não é possível que não haja uma confrontação radical e impetuosa contra essa tentativa descarada da elite reacionária nacional de enlamear a biografia mais extraordinária já construída por um brasileiro em toda história do Brasil, para, ato contínuo, enterrar em cova rasa tudo o que foi conquistado de bom neste país, nos últimos quase 15 anos.

(Fevereiro de 2016)

TSUNAMI JUDICIÁRIO

É tarefa árdua escrever um texto jurídico sobre as ações judiciárias que se sucederam no país, nos últimos dias, sem que se saia contaminado por algum vício de interpretação, a pôr em xeque a isenção recomendada pelo rigor científico. Tentemos!

Inicialmente, vejo como correta a posição do Supremo Tribunal Federal relacionada à impossibilidade de acumulação do cargo de Promotor de Justiça da Bahia com o cargo de Ministro Justiça. A alegação de que a Constituição, nos arts. 128, § 5º, II, "d" e 129, IX, só veda ao membro do Ministério Público o exercício de função em outro órgão, mas não o exercício do cargo, o que teoricamente eliminaria o obstáculo à acumulação da carreira de MP com cargos de confiança, de livre nomeação, no Executivo, nada mais é do que retórica jurídica. Isso porque o interesse do constituinte foi exatamente o de reforçar o vínculo do membro do MP com a própria instituição, alijando-o dos demais Poderes, ressalvando a possibilidade de acumulação com o magistério e a permissão para quem ingressou no MP antes da promulgação da Constituição.

O Conselho Nacional do Ministério Público, no seu corporativismo, revogou, em 2011, artigos de sua própria Resolução n. 6 que dispunham sobre a inacumulatividade. Porém esta decisão evidentemente não está acima do que dispõe o texto constitucional. O judiciário, inclusive, já vinha negando, com certa recorrência, situações de acumulação, de modo que no mínimo houve uma precipitação do governo federal ao indicar o nome do jurista Wellington Silva para o Ministério da Justiça. A menos que o mesmo requeira, agora, sua exoneração do cargo efetivo, vitalício, de Promotor de Justiça junto ao Ministério Público baiano. A discussão sobre se a Arguição de Descumprimento de Preceito Fundamental era a ação mais adequada para suscitar a questão, de fato, procede (e até tenho cá minhas reservas). Contudo, o que não posso desconhecer é que se trata de algo menor, diante de um assunto muito mais importante. E o que deve ser, deve ser, ponto final.

A atitude com a qual não concordo é o tratamento que o Judiciário vem concedendo a inúmeros investigados da Operação Lava-Jato, mais especificamente ao ex-presidente Lula da Silva. A operação deflagrada pelo juiz Moro, consubstanciada na determinação de depoimento do ex--presidente mediante condução coercitiva pela Polícia Federal, no último dia 4 de março, foi absolutamente arbitrária, diria até esdrúxula, se considerarmos que este vem, há meses, pondo-se à disposição da Justiça para prestação de qualquer esclarecimento acerca de dúvidas que permeiem sua probidade, sua honra e de sua família. O deputado federal Wadih Damous foi feliz quando asseverou que o ex-presidente foi sequestrado pelo juiz Moro. Entretanto, sendo verdadeiras as revelações do advogado Cristiano Zanin Martins, de que durante a condução coercitiva, ocorreram episódios de portas chutadas, arrombadas, apreensão de documentos sem mandados de busca, coisas do tipo; e se for verdadeira a hipótese aventada à boca miúda de que Lula só não foi levado de avião para Curitiba porque as forças de segurança da aeronáutica não permitiram o arbítrio, tanto Lula, que foi sequestrado e detido, quanto sua família sofreram graves torturas psicológicas.

Para finalizar, eis que surge uma notícia de última hora. O promotor paulista Cassio Conserino denunciou criminalmente Lula por estelionato, falsidade ideológica, organização criminosa e lavagem de dinheiro na polêmica transação envolvendo o "famoso triplex de 84 m^2" no Guarujá. Tal denúncia recaiu sobre Lula, familiares, amigos e empreiteiros. Detalhe importante a ser considerado é que o citado promotor responde a sindicância disciplinar perante o Ministério Público paulista, com acompanhamento do CNMP, por haver antecipado suas conclusões investigatórias à revista Veja, no último mês de janeiro, antes mesmo de finalizar as investigações, sem sequer haver ouvido o ex-presidente. É possível dizer que um homem desses goza de isenção suficiente para acusar criminalmente o ex-presidente Lula? Sinceramente, não creio. Vale ressaltar que não é de agora a participação do promotor paulista em episódios dantescos de demonstração de abusos e arbítrios durante sua vida na carreira ministerial paulista.

Não há duvidas de que as ações, tanto de Moro como de Conserino, em consonância com setores da Polícia Federal, visam, hoje, única e exclusivamente incriminar o ex-presidente Lula e retirar o PT do poder, se possível eliminando-o. Para isso, as medidas espetaculosas foram propostas a menos de dez dias de uma prometida grande mobilização da elite nacional pró-*impeachment*, a realizar-se, não por acaso, no dia 13 (número petista), em ato que, a se julgar por experiências passadas, terá ampla cobertura dos noticiários em todo país.

Triste, se não fosse cômico, perceber que tudo isso está sendo orquestrado apenas para fragilizar ainda mais um governo que busca, desde o primeiro dia de mandato, estabilidade para cumprir sua missão institucional em momento que, por si só, já é difícil, de crise econômica global. E pior: para conseguir uma condenação e logo tornar inelegível, em 2018, o ex-presidente Lula, pespegando-lhe uma ficha suja. Felizes mesmo ficarão se o prenderem.

O que se comenta na imprensa é que ao ex-presidente lhe foi prometido um ministério federal, para que, concomitantemente ao apoio na governança do país, o foco da decisão judiciária sobre sua vida fosse deslocado do mega-juizado de Curitiba ou do burlesco parquet da Barra Funda para o STF. Repousa, na Corte Suprema, a esperança de que, ali, Lula seja ouvido com algum senso de isenção e responsabilidade para com os destinos do Estado brasileiro. O ex-presidente refuta a ideia alegando que nada tem a temer e que, como qualquer um, não merece regalias.

O que foge à sua reflexão é que quem está sendo triturado pelos juizados monocráticos não é qualquer um, mas o ex-presidente que obteve os maiores números de popularidade na história do país, pelo conjunto denso de benefícios que proporcionou aos setores mais vulneráveis da sociedade e pelo solavanco positivo que imprimiu ao desenvolvimento nacional e ao protagonismo do país no mundo. Além disso, mesmo com toda crise e todo desgaste, é um personagem querido e carismático, virtual fortíssimo candidato à sucessão da presidenta Dilma, em 2018. É por isso que há toda essa algazarra jurídica no trecho Curitiba-Barra Funda, sendo dessa balbúrdia, dessa antilogia, desse tsunami judiciário, dessas pessoas que deveriam zelar pela realização da Justiça, mas que estão vilipendiando o Direito brasileiro, que o ex-presidente precisa se livrar o mais imediatamente possível. Antes que seja tarde e não haja mais qualquer saída, a não ser o asilo político, o exílio forçado ou coisa pior. Chegando-se a esse ponto extremo, o Brasil corre sério risco de pegar fogo.

(Março de 2016)

MANIFESTAÇÕES DO PIB

Mesmo não atingindo os números de participação almejados pelos organizadores, não vejo como desconsiderar que a manifestação de oposição ao governo de domingo ficou um pouco menos incoerente depois que, em São Paulo, manifestantes isolados, por sua conta, resolveram alijar do bloco canarinho figuras como Aécio, Alckmin, dentre outras.

Apesar disso, os atos de anteontem continuam longe de se configurarem como legítima festa popular. É de conhecimento amplo que as ações patrocinadas neste emblemático treze de março foram financiadas, em todo Brasil, pelos grandes grupos empresariais nacionais, quiçá até internacionais. Em Fortaleza, por exemplo, no horário da concentração antigovernista, amontoavam-se na área nobre da cidade ônibus e mais ônibus que haviam sido fretados para levar público ao evento.

Ainda no meio da semana, estas mesmas corporações patronais anunciavam, em jornais de grande circulação, chamamentos para o "patriótico ato cívico", que, a julgar pela infraestrutura envolvendo até exibição de paraquedismo, certamente custou fortuna. Não há o que discutir sobre a legitimidade dessa pirotecnia democrática, pois é lógico que o empresariado nacional tem o direito de lutar pelo que considera mais justo e seguro para seus interesses.

Sabemos que, se a economia do país não vai mal como anuncia a Rede Globo, também não caminha às mil maravilhas (o que nem poderia ser diferente já que, além do cenário negativo internacional, o governo sofre, há mais de três anos, com um boicote político sistemático, iniciado ainda na época da Copa das Confederações). Mas é claro que os empresários têm direito a fazer seus protestos quando se sentirem ameaçados ou prejudicados em seus interesses.

O problema é que, na essência dessas manifestações, há uma justificativa de crise ética, emoldurada por uma necessidade de combater-se a corrupção, que não pode ser atribuída apenas ao PT, à presidenta Dilma e ao ex-presidente Lula, já que não pertence ao núcleo da governança, mas à estrutura criada pelo próprio sistema político para manter a governabilidade do país. Essa justificativa só ganha crédito amplificado devido à politização inflamada da Justiça e à manipulação da sociedade, "midiatizada" pelos grandes meios de comunicação. Ignorar isso tem sido grave incoerência de movimentos como os de domingo.

Como se satisfazer com a justificativa de luta pelo fim da corrupção, sustentada apenas pela retirada a fórceps da presidência de uma mandatária legitimamente eleita? E, por outro lado, pela prisão injusta de um ex-presidente apenas para inviabilizar, a qualquer custo, sua eventual candidatura? Não se acaba com a corrupção assim, mas é isso o que a marcha canarinho em curso vem pretendendo fazer. Não se discute qualquer pauta sobre reforma política, mas tão-somente o *impeachment* de Dilma e a prisão de Lula.

Para os grandes grupos econômicos que não sofrem as consequências diretas da corrupção e, ao contrário, dela costumam beneficiar-se (porque se há alguém dentro do governo se vendendo, é porque há alguém fora da estrutura comprando-o), não há problema a marcha assumir conotação tão apequenada. Curioso é ver, no script, gente de classe média dizendo-se cansada, corroborando a legitimação da situação, servindo como massa de manobra para a simples troca de comando de poder. Gente que nada tem a ganhar com a corrupção, pelo contrário: com a continuidade de um Estado corrompido, apenas sairá perdendo.

Se há uma coisa que ninguém pode negar é que a presidenta Dilma tem sido rigorosa no enfrentamento à corrupção. Não só pelas leis que tem feito aprovar, como pelas medidas administrativas que tem tomado, inclusive o afastamento imediato de suspeitos e a não intervenção nos órgãos eventualmente envolvidos em maracutaias.

Há os que entendem tal situação, mas engrossam o coro das manifestações porque defendem um olhar econômico mais liberal para o país...

Há, por outro lado, os mascarados de patriotas que pensam que as coisas no Brasil irão melhorar imediatamente após a saída do PT, sem sequer imaginar que as coisas não só podem não melhorar em nada, como podem, ainda, piorar muito. O que dá gás ao atual movimento pela alternância de poder não é o combate à corrupção, mas a luta de classes. A trocar-se a presidenta Dilma por quem quer que seja dentre as alternativas constitucionais possíveis será péssimo para a classe média, e pior ainda para o povo pobre, que terá, adiante, uma agenda econômica neoliberal para confrontar.

É um erro grave de avaliação acreditar que a corrupção terá fim, sem que se realize uma profunda reforma política no ordenamento nacional. A bem da verdade, a presidenta Dilma tentou realizá-la, em meados de 2013, quando propôs um plebiscito autorizativo de uma constituinte exclusiva sobre reforma política. Contudo, prontamente os meios de comunicação, conjuntamente com o parlamento (desinteressado em frustrar os próprios interesses), trataram de convocar seus juristas conservadores para justificar a impossibilidade da proposta. Por fim, para sepultar as iniciativas do governo, recrutaram Eduardo Cunha – e aí está o resultado.

Outra incoerência abissal em eventos como os de domingo é a abertura que a onda verde-amarela concede a quem defende a guinada do país ao extremismo fascista de extrema-direita. Jamais uma manifestação poderá dizer-se popular acolhendo, em seu ninho, quem só sabe atacar as minorias. Irmanar-se na luta ao lado de um Bolsonaro, de alguém que ignora os pressupostos constitucionais básicos, as liberdades fundamentais de outrem, deveria ser motivo de vergonha, tanto para a classe média como para o alto empresariado. Infelizmente, não tem sido regra nas manifestações do PIB.

(Março de 2016)

CAIU A FICHA?

Recentes pesquisas do IBOPE e do Vox Populi demonstram que a sociedade brasileira não avaliava de maneira precisa os riscos democráticos do recurso extremo ao *impeachment* da presidenta Dilma. Segundo a enquete realizada pelo IBOPE, entre os dias 14 e 18 de abril, 62% preferem a destituição do governo e o chamamento de novas eleições; 25% optam pela manutenção da presidenta com governo reformulado; 8% preferem o governo do vice Temer; e outros 5% não sabem opinar ou manifestam outras preferências. Por sua vez, em pesquisa efetuada entre os últimos dias 9 e 12, sobre o cenário de disputa presidencial, o Vox Populi registrou que num enfrentamento entre Lula, Marina, Aécio, Bolsonaro e Ciro, os percentuais são 29% para Lula, 18%, 17%, 7% e 5%, sucessivamente. 16% e 7% escolheram branco, nulo ou não souberam responder. Já num cenário direto entre Lula, Marina e Aécio, os resultados foram 31%, 23% e 20%, respectivamente, com 19% e 7% de brancos, nulos e sem resposta.

Confrontadas, as duas pesquisas mostram que há uma margem de confiança no governo da presidenta Dilma mais expressiva do que a observada há alguns meses. Essa margem se manifesta não só na proporção do apoio que a presidenta mantém, comparativamente aos percentuais obtidos por seu vice, como, também, pela incontestável liderança de Lula na próxima corrida presidencial. Vislumbrando ser improvável a ocorrência de eleições antecipadas para o executivo federal no país, é factível deduzir que o apoio à permanência de Dilma no cargo, com nova pactuação política, será sempre sobejamente maior que a opção por um governo Temer.

Isso acontece porque somente agora a sociedade brasileira percebe que um eventual governo do vice representará a vitória da FIESP e demais entidades de defesa patronal sobre os trabalhadores, fatidicamente redundando em severas restrições de direitos laborais. Compreenderá, outrossim, a substituição de um governo avançado em políticas de direitos humanos por um governo movido pelos interesses das representações mais conservadoras da população (as chamadas bancadas da bala, da Bíblia e do agronegócio, com reforço de defensores do regime militar e do que há de mais espúrio na política brasileira), as quais foram fundamentais para a admissão do processo de *impeachment* da presidenta da República na Câmara dos Deputados. Não bastasse isso, já percebe a sociedade que o tema do crime de responsabilidade da presidenta não passou de mera retórica jurídica, e que o debate em torno do processo de *impeachment* foi movido por razão adstrita à disputa pelo poder. Percebe-se que a corrupção deixa de ser ponto central da pauta nacional, tanto pela omissão consciente da grande mídia, como pela não menos consciente dormência do Judiciário no aprofundamento das investigações da Lava Jato, sobretudo no tocante aos 200 nomes da lista da Odebrecht, na averiguação da presumível desonestidade do próprio vice-presidente Michel Temer e na cassação do mandato parlamentar de Eduardo Cunha, réu no STF por corrupção passiva e lavagem internacional de dinheiro.

Espantada com os desdobramentos dos fatos políticos no Brasil, a imprensa internacional condena o golpe em curso e, a cada dia, aprofunda a análise sobre os reais interesses na ocasional troca de governo. Tem apontado que, dentre os motivos, estão a ganância do mercado financeiro de Wall Street, o desejo norte-americano na eventual exploração do pré-sal brasileiro e o receio dos países do G7 com o recém-conquistado protagonismo brasileiro nas discussões internacionais, em especial, regionais, na América latina, e globais, com o BRICS.

Atônita, a sociedade brasileira vai, aos poucos, assimilando que a democracia de um regime presidencialista não dá espaço para troca de presidentes por simples insatisfação com o curso da gestão, que fragilizar Dilma em seu posto, significa petrificar Temer na presidência. Pena que, para além da militância de esquerda, a ficha começou a cair após o vexatório julgamento presidencial na Câmara dos Deputados. E, mais recentemente, com o esboço do perfil neoliberal ortodoxo de um eventual governo PMDB/PSDB. Menos mal que o Senado ainda terá a chance de desfazer o malfeito proferido pelos pares da Câmara baixa.

Espera-se que, compreendendo que o pior ainda está por vir, os incautos com a política nacional se apresentem e se somem às manifestações pró-democracia lideradas pelos movimentos sociais de resistência. Mais do que isso, que interiorizem ser um equívoco se deixar levar por apelos demagógicos de uma mídia atrelada a conglomerados financeiros, ou pelos arroubos dissimuladamente moralistas de candidatos a heróis provindos da fidalguia judiciária. A ordem agora é denunciar o golpe na rua.

(Abril de 2016)

DIREITO DE RESISTÊNCIA E AUTODEFESA SOCIAL

O direito de resistência é, em síntese, uma garantia de autodefesa social. Consiste no direito fundamental de cada pessoa de descumprir normas jurídicas vigentes, toda vez que tais normas perderem ou não tiverem legitimidade e se puserem em vias de causar injustiça. Trata-se de um bem jurídico que legitima e estimula a desobediência civil para fazer acontecer a justiça plena, que não se perfila com as molduras legais existentes, ou que é impossível de existir pelas vias institucionais oriundas dos organismos coercitivos tradicionais do mundo jurídico. Apesar de ser algo singular, não é tema novo às searas da Ciência Política e do Direito. Formalmente defendido por pensadores contratualistas nos séculos XVI e XVII, restou previsto na versão de 1793 da Declaração dos Direitos do Homem e do Cidadão, a qual dispôs em seu art.35: "Quando o governo viola os direitos do Povo, a revolta é para o Povo e para cada agrupamento do Povo o mais sagrado dos direitos e o mais indispensável dos deveres." Este princípio serviu de vetor de orientação para as constituições francesas doravante, encontrando-se, atualmente, inserido em Constituições de Estados democráticos, como por exemplo Alemanha e Portugal. Na Constituição alemã, o art. 20, que trata dos Princípios Constitucionais – Direito de resistência, dispõe: (3) O poder legislativo está vinculado à ordem constitucional; os poderes executivo e judiciário obedecem à lei e ao direito; (4) Contra qualquer um, que tente subverter esta ordem, todos os alemães têm o direito de resistência, quando não houver uma alternativa. Em Portugal, por sua vez, o art. 21° da Carta Política, que semelhantemente reza sobre Direito de resistência, prevê: "Todos têm o direito de resistir a qualquer ordem que ofenda os seus direitos, liberdades e garantias e de repelir pela força qualquer agressão, quando não seja possível recorrer à autoridade pública."

Jus resistentiae

No Brasil, ressalvando-se o direito de greve, que não deixa de ser uma garantia coletiva de paralisação de trabalho como reação a condições desfavoráveis de labor, a Constituição não trata expressamente de direito de resistência, muito embora o ordenamento jurídico do país recepcione-o manifestamente em determinadas situações. O direito laboral pátrio, por exemplo, abriga o *jus resistentiae* do trabalhador como remédio contra o exercício arbitrário do *jus variandi* por parte do empregador; Cortes Superiores, como STJ e STF, por sua vez, já sinalizaram para o reconhecimento da legitimidade de ocupações em questões fundiárias movidas pelo Movimento dos Trabalhadores Rurais Sem Terra (MST). Nada extravagante, já que a melhor interpretação há de reconhecer que a Constituição da República ampara a pretensão quando concentra seu núcleo de direitos fundamentais no entorno da dignidade da pessoa humana, projetando-se para o futuro e permitindo a recepção, conforme prescrito no §2º, do art. 5º, de outros "direitos e garantias decorrentes do regime e dos princípios por ela adotados, ou dos tratados internacionais em que a República Federativa do Brasil seja parte". A propósito, reitera a doutrina que o direito de resistência, colocando-se como antagônico ao direito posto, deve revestir-se de qualidades que lhe denotem legitimidade. Citem-se, dentre outras: o exercício por coletivo ameaçado por injustiça decorrente da aplicação de direito deslegitimado; ser ação proporcional e de último caso, suscitada após frustrados esforços institucionais de reversão ou impedimento da injustiça; ser materializado às claras, para que não seja confundido como conspiração ilícita, mormente seja a ilicitude da ação, justificada pelo prisma da legalidade formal, o principal argumento dos que se opõe à resistência em marcha.

A história do Brasil e os episódios de resistência

Qualquer que seja a forma da resistência, não é fácil para um cientista do Direito defendê-la, pois as palavras escritas perenizam-se e, se por um lado a história é implacável com juristas que cometem deslizes exortando ações e atitudes desalinhadas com a justiça, por outro somente o tempo poderá dizer se o direito questionado, considerado ilegítimo, e a correlata atitude de desobediência tida como justa, de fato, assim o são verdadeiramente. Mas o fato é que desde antes de Palmares, em fins do século XVI, até a luta contra o Regime Militar, há pouco mais de 30 anos, a história do Brasil está permeada de episódios de resistência, considerados ilegais em seu tempo e, posteriormente, compreendidos como justos pelo Estado brasileiro. Por isso, é questão de responsabilidade levantar a discussão nesse momento crítico da histórica política do país, em que se descortina, no Congresso Nacional, sob a alcunha de pedido de *impeachment*, um inequívoco golpe parlamentar, com beneplácito do sistema de Justiça nacional, contra a atual mandatária do executivo federal. Até mesmo porque, apesar de não mencionar expressamente o direito de resistência no texto constitucional, o ordenamento do país admite-o como garantia fundamental implícita, municiando permanentemente a sociedade na defesa dos valores elevados da República, sendo a defesa da integridade política do Estado Democrático de Direito (CF, art. 1º), inquestionavelmente, uma das situações de manifesta imperiosidade. Saliente-se, uma vez mais destacando o §2º, do art. 5º, da Constituição, que prescreve que "os direitos e garantias expressos nesta Constituição não excluem outros decorrentes do regime e dos princípios por ela adotados, ou dos tratados internacionais em que a República Federativa do Brasil seja parte", que o direito de resistência é amplamente factível no país. Isto não apenas por ser um direito ou garantia decorrente de princípios adotados pela República (no caso, o princípio democrático), mas, também, por força de tratados internacionais reconhecidos pelo Brasil, como a Carta Democrática Interamericana, de 2001, documento que tem servido de referencial, desde sua aprovação, para as ações da Organização dos Estados Americanos (OEA) diante de todos os casos de instabilidade institucional no continente (Venezuela, 2002; Bolívia, 2003; Peru, 2003; Haiti, 2004; Bolívia, 2005; Nicarágua, 2005; Equador, 2005; Honduras, 2009; Paraguai,

2012) e cujo art.1º preleciona que «os povos da América têm direito à democracia e seus governos têm a obrigação de promovê-la e defendê-la». Ou como o Protocolo de Assunção sobre Compromisso com a Promoção e a Proteção dos Direitos Humanos do Mercosul, de 2005, internalizado na forma do Decreto 7.225/10, que estabelece, em seu art.1º, que: "A plena vigência das instituições democráticas e o respeito dos direitos humanos e das liberdades fundamentais são condições essenciais para a vigência e evolução do processo de integração entre as Partes".

Há razões para utilização do direito de resistência?

Com efeito, não havendo dúvidas sobre a plausibilidade e a justeza do recurso ao direito de resistência como legítimo mecanismo de defesa individual e coletiva ante a injustiça, o que se deve discutir doravante é se haveria ou não razões motivadoras para a utilização do mecanismo, no caso de uma eventual procedência do pedido de *impeachment* ora proposto contra a presidenta Dilma Rousseff, no parlamento nacional. Preliminarmente à discussão, é importante entender-se que, apesar das lembranças vivas de 1964, a ruptura da ordem institucional de um Estado não necessariamente se dá através de um golpe militar. Tanto em Honduras, em 2009, quanto no Paraguai, em 2012, as destituições dos respectivos presidentes, Manuel Zelaya e Fernando Lugo, se deram por vias diferentes, em cenários de aparente normalidade democrática e, teoricamente, ancorados nas ordens jurídicas internas. Em Honduras, Zelaya até esteve momentaneamente detido em domicílio por tropas policiais federais e do exército, mas foi o Legislativo que contaminou o processo político local, com uma oposição insana e sistemática contra o ex-presidente, oposição cujo suporte foi dado pelo Judiciário, o qual incriminou-o de maneira sórdida, até que não pudesse mais exercer, de maneira estável, o mandato presidencial para o qual fora eleito. Já no Paraguai, não houve qualquer ação militar. O ex-presidente Lugo foi deposto através de um questionado processo de *impeachment* conduzido pelo Senado do país. Em ambos os casos, Honduras e Paraguai, a OEA condenou as ações golpistas, não reconheceu os governos que assumiram os comandos das respectivas nações e, como medida repreensiva, suspendeu os citados Estados do sistema interamericano, até que novas eleições acontecessem, fundamentando-se no disposto no art.19 da já citada Carta Democrática Interamericana: "...a ruptura da ordem democrática ou uma alteração da ordem constitucional que afete gravemente a ordem democrática num Estado membro constitui, enquanto persista, um obstáculo insuperável à participação de seu governo nas sessões da Assembleia Geral, da Reunião de Consulta, dos Conselhos da Organização e das conferências especializadas, das comissões, grupos de trabalho e demais órgãos estabelecidos na OEA". Diversos países apoiaram tais medidas coercitivas e estipularam sanções diplomáticas individuais, inclusive o Brasil, não sendo custoso recordar que, para o Paraguai, além da suspensão da OEA, restou-lhe o afastamento temporário do Mercosul, com fulcro nos arts. 3º e 4º do também citado Protocolo de Assunção sobre Compromisso com a Promoção e a Proteção dos Direitos Humanos: "O presente Protocolo se aplicará em caso de que se registrem graves e sistemáticas violações dos direitos humanos e liberdades fundamentais em uma das Partes em situações de crise institucional ou durante a vigência de estados de exceção previstos nos ordenamentos constitucionais respectivos. (...) Tais medidas abarcarão desde a suspensão do direito a participar deste processo de integração até a suspensão dos direitos e obrigações emergentes do mesmo". Portanto, se considerado golpe o que hoje anda em curso no Congresso Nacional sob a forma jurídica de *impeachment*, não obstante inocorra qualquer levante militar, o Estado brasileiro, provavelmente, sofrerá sanções internacionais, não devendo o governo ilegítimo ser reconhecido como governo de direito por parte expressiva da sociedade internacional, especialmente no continente americano (OEA e Mercosul), quiçá pelos países com os quais o Brasil mantém afinidade ideológica-comercial, caso dos membros integrantes do bloco BRICS (Rússia, Índia, China e África do Sul).

Impeachment fraudulento

Partindo-se para a análise da forma e do conteúdo do processo de *impeachment* que, em datas de hoje, tramita na Comissão Especial no Senado Federal, é possível, desde já, afirmar que se trata de um artifício inteiramente fraudulento, eivado de vícios de nulidade. Em primeiro lugar, não encontra fundamento jurídico. Em seu processo de *impeachment*, a presidenta é acusada por dois supostos crimes: a) autorização de crédito suplementar orçamentário em 2015, sem autorização legal; b) atraso no repasse ao Banco do Brasil de valores relativos a subvenções do crédito rural (pedalada fiscal). Ambas as condutas configurariam, em tese, a hipótese do artigo 85, inciso VI, da Constituição, crimes de responsabilidade por violação da Lei Orçamentária. Diz-se em tese porque juridicamente é impossível atribuir-se tipificação de crime às ações cometidas. A suplementação de crédito não infringiu a meta de responsabilidade fiscal de 2015, a qual foi reconhecida como legal pelo Congresso Nacional, através do Projeto de Lei do Congresso Nacional (PLN) nº 5/2015. O PLN supriu a carência de autorização ocasional dos decretos supletivos, conduta historicamente admitida como lícita pelo Tribunal de Contas da União (TCU) até o fim de 2014, quando a Corte mudou de posição, por razões nitidamente persecutórias contra a presidenta. Por seu turno, as pedaladas também não consistiram em crimes orçamentários, porque não feriram a Lei Orçamentária Anual, uma vez que não repercutiram em perda econômica para o tesouro ou para o banco pagador das subvenções sociais, sendo este privado dos repasses apenas momentaneamente, para custeio de programas sociais voltados à atenção do povo mais sofrido do país. Trata-se meramente de medidas financeiras, e não de operações de crédito segundo definido pela Lei de Responsabilidade Fiscal (art. 29, inciso III). Ou seja, a suplementação de crédito e as pedaladas fiscais questionadas não constituíram crimes – muito menos de responsabilidade – praticados com ânimo de fraudar, de intensa gravidade, requisitos necessários a um extraordinário *impeachment* presidencial. As medidas adotadas pelo Executivo federal, que não foram invenção da presidenta da República, posto que aplicada e reaplicada, repetidamente, em governos anteriores, nunca redundaram em perda econômica para o erário, tampouco geraram enriquecimento ilícito e jamais estiveram associadas à prática de corrupção. A propósito, se pedaladas fiscais fossem crime, igual responsabilidade deveria recair sobre quase duas dezenas de governadores estaduais, os quais efetuaram a mesmíssima estratégia nas gestões de suas finanças. Deveria recair também sobre o vice-presidente Michel Temer, que assinou, em exercício da Presidência, decretos a título de pedaladas fiscais. Registre-se, apenas a título de ilustração, que, entre novembro de 2014 e julho de 2015, Temer havia assinado decretos de liberação em valores três vezes superiores aos assinados, até então, pela presidenta. O vice também autorizou suplementação de crédito orçamentário. Segundo, porque se trata de uma proposição anunciada desde os dias iniciais do segundo mandato da presidenta Dilma Rousseff, quando os ânimos eleitorais ainda estavam acirrados e o reconhecimento da derrota eleitoral obstruía a garganta, evidenciando que o objetivo da ação oposicionista nunca foi realizar justiça, mas, única e tão somente, derrubar um governo legitimamente eleito pela população, com mais de 54,5 milhões de votos, o qual, uma vez conquistado dentro de um regime presidencialista, via de regra, somente poderia ser destituído após novas eleições. Terceiro, porque está materializado na forma de um procedimento contaminado pelos vícios pegajosos da velha política, instaurado pela ira vingativa de um presidente de Câmara, denunciado no STF por corrupção passiva e lavagem de dinheiro, que jamais conduziu o rito com isenção e justiça. Basta dizer que, de um lado, processou o *impeachment* a mil por hora nos órgãos internos da Câmara, enquanto mantinha o pé no freio em seu próprio processo de cassação no Comitê de Ética da Casa parlamentar. Quarto, porque, na mesma esteira, desde o princípio vem expondo a presidenta da República a um julgamento de exceção, descompensado, mensurado e decidido por dezenas de investigados, acusados e condenados nos mais diversos crimes políticos e contra a administração pública (37 dos 65 integrantes da Comissão Especial de *Impeachment* na Câmara estavam em situação complicada; dos 37, 35 votaram pela admissibilidade processual), boa parte na torcida para que uma hecatombe social acontecesse permitindo-lhes salvar a própria pele, em claro atentado contra os mais comezinhos princípios de justiça do país, ignorando o fato de que um fiel processo de *impeachment*, em que pese a tramitar numa Casa legislativa, deve se orientar por pressupostos jurídicos, e não meramente políticos ou de interesses pessoais. Esse fato se mostrou mais do que evidente no julgamento da admissibilidade do *impeachment* no Plenário da Câmara, quando, desavergonhadamente, dezenas e dezenas de parlamentares justificaram seus votos evocando a família, Deus, o povo de Israel, os maçons do país, torturadores do regime militar etc., tudo menos a existência de crime de responsabilidade da presidenta da República. Essa mesma situação vê-se acontecer no Senado onde, presentemente, o processo encontra-se relatado por autoridade que, desde sempre, vem se pondo como favorável ao impedimento presidencial. Porém, quando governador de seu Estado, fez uso de pedalas fiscais, mesmo suposto crime pelo qual a presidenta vem sendo acusada de haver cometido, e em função de que se encontra ameaçada de perder o mandato. Isso sem falar da questionável integridade política e moral de parte expressiva dos senadores que irão julgar, definitivamente, a presidenta, já se observando, na própria Comissão Especial, pessoas condenadas, indiciadas, fichas sujas de toda natureza, até proprietários de helicópteros flagrados com 430 quilos de cocaína. Portanto, não é *impeachment* o que anda em curso no Congresso Nacional, é golpe parlamentar.

Impeachment e os interesses internacioais

Chocados com os desdobramentos dos fatos políticos no Brasil, imprensa internacional, pensadores e estadistas do mundo inteiro condenam o golpe em curso e, a cada dia, aprofundam a análise sobre os reais interesses na ocasional troca de governo. Não deixam de apontar, dentre os motivos, a ganância do mercado financeiro de Wall Street, o desejo norte-americano na eventual exploração do pré-sal brasileiro e o receio dos países do G7 com o recém-conquistado protagonismo brasileiro nas discussões internacionais, em especial no BRICS. Percebem, claramente, as matrizes políticas internas que estão nas origens do golpe, seja a tônica neoliberal de corporações patronais ávidas por submeter trabalhadores a severas restrições de direitos, seja o conservadorismo de agrupamentos reacionários da sociedade brasileira, interessados em impor uma regressão do país, em termos de direitos humanos e de agenda social.

Lava Jato e o apoio da mídia nacional

Em direção oposta, a grande imprensa do país escancara apoio à pretendida destituição presidencial, patrocinando a disseminação de todo e qualquer factoide possível para manter a sociedade absolutamente confusa diante dos fatos em apuração no Congresso. É somente aí, por exemplo, que o *impeachment* se encontra com a Lava Jato, porque ambos os fatos nada têm a ver um com o outro. A operação Lava Jato vem servindo de munição para robustecer a mídia em seu processo de manipulação de opinião pública.

Ao grampear e vazar, sem autorização do Supremo Tribunal Federal, os diálogos da presidenta Dilma com o ex-presidente Lula para Rede Globo, o Juiz Moro apenas reacendeu um processo de *impeachment* que se encontrava natimorto. Agiu única e exclusivamente a serviço do golpe, fato que ficou absolutamente evidenciado, desde quando determinou a condução coercitiva do ex-presidente para depoimento à Polícia Federal num aeroporto, sem que estivesse sequer sob investigação formal, numa espetaculosa operação que envolveu transmissão ao vivo pelas televisões de todo país, 200 policiais federais e até um jatinho para o sequestro presidencial até o "principado de Curitiba". Na semana subsequente, mesmo após advertido pelo ministro do STF, Teori Zavascki, o magistrado repetiu o malfeito, vazando e logo depois recompondo o sigilo sobre a lista da Odebrecht, quase que comunicando a duzentos políticos, dentre os quais muitos parlamentares da Comissão Especial de *Impeachment* da Câmara em vias de julgar o relatório de admissibilidade, que a Lava Jato os poderia alcançar. O futuro dirá se foi esta a razão da debandada de última hora de tantos parlamentares que antes compunham o arco de apoio do governo.

Banalização da Constituição

Posturas como a do juiz Moro inebriam outros candidatos a Hércules, estimulando-os a promover a banalização do desapego à Constituição e ao devido processo legal. Em menos de dois dias, um promotor de Justiça do interior paulista solicitou a prisão preventiva do ex-presidente Lula fundamentando-se em "Marx e Hegel", enquanto um juiz federal candango negou-lhe a posse no Ministério da Casa Civil, em meteórica liminar concedida aos exatos 28 segundos após protocolada a respectiva ação na Justiça. Os dois personagens foram flagrados reverberando impropérios contra o governo federal em ruas e redes sociais. Dias depois, outra juíza do Distrito Federal determinou a suspensão de posse do atual ministro da Justiça, em decisão que assombrou toda comunidade jurídica do país. O STF, por sua vez, após confirmar a suspensão da posse do ex-presidente Lula no Ministério da Casa Civil e encaminhar o respectivo processo para a Vara Federal do juiz Moro, em Curitiba, já se apressou em vir a público, através de alguns ministros, para sugerir que o processo de *impeachment* tramita em perfeita normalidade institucional. Cambaleia, porém, diante do processo de cassação do mandato parlamentar do presidente da Câmara dos Deputados, acusado de inúmeros crimes já citados. Em outra espantosa manifestação, o ministro do STF, Gilmar Mendes, atual presidente do TSE, insinuou que se o *impeachment* não vingasse seria possível dividir e analisar separadamente as contas de campanha da presidenta da República e seu vice, dando as costas para o fato de que ambos compuseram a mesma chapa na última disputa eleitoral, o que deveria tornar impossível uma análise contábil em separado. Há muito mais a se dizer sobre o atual momento. O Conselho Federal da OAB, não obstante haver decidido, em 2015, pela não propositura de um pedido de *impeachment* contra a presidenta Dilma, agora, sob nova gestão, resolveu apresentar a peça. O Ministério Público e Polícia Federal estão na origem de parte expressiva das ações supracomentadas, solicitando o vazamento de informações, vazando-as efetivamente. Por último, o procurador geral da República solicita ao STF que abra novo inquérito para investigar uma série de políticos, dentre os quais o ex-presidente Lula e a presidenta Dilma, sobre fatos que o próprio Ministério Público e o Judiciário já haviam reprochado anteriormente.

Golpe com suporte do judiciário

Em resumo, assim como em Honduras, no Brasil, a ação parlamentar conspiratória também encontra suporte no Judiciário, que, além de não impedir a sucessão de fraudes no âmbito da Câmara e do Senado, ainda confunde o cenário, juntando alhos com bugalhos, prejudicando a avaliação crítica da opinião pública e dando subsídios para que a imprensa nacional, consorciada com os interesses golpistas, aja em sua tarefa de desarmonização social. O presente texto não tem por objetivo fazer uma análise histórico-sociológica dos fatos políticos, portanto, é compreensível que um ou outro pormenor não tenha sido exposto com rigorosa precisão científica. Todavia, o que se pode afirmar, com iniludível certeza, é que não há normalidade no processo de *impeachment* em curso no Parlamento. Ninguém duvida do desfecho do processo: somente por obra divina o *impeachment* não será definitivamente admitido e, eventualmente, provido. Isso acontecerá, contudo, não pelo fato de o processo ser juridicamente possível, mas por haver sido fatidicamente imposto, sem chances de justa defesa, pelas forças de oposição à presidenta. A circunstância será mais do que suficiente para configurar a hipótese de legítima utilização do direito de resistência, afinal, contra a injustiça manifesta cabe a indignação. O modo como se resistirá, interna e internacionalmente, as repercussões que a insurgência trará para o equilíbrio ou desequilíbrio da situação política, social e econômica do país, é impossível conhecer-se de antemão. Mas que o direito de resistência já se encontra legitimado e precisa ser exercido, disso não há a menor dúvida. Mais do que a probidade e a honra da presidenta da República estão em jogo a defesa da democracia, do apreço ao Brasil e da soberana manifestação de vontade do povo brasileiro expressada nas urnas. Rudolf Von Ihering (1992, p.87), estava certo quando profetizou que "só na luta encontrarás o teu direito".

(Maio de 2016)

ROLEZINHOS DO BOLSONARO

Episódios de celebração ao deputado Bolsonaro vêm se banalizando no país. Nada grave, se suas ideias, em fase de questionamento de decoro no Conselho de Ética da Câmara e no STF, não ofendessem aos princípios estruturantes do Estado brasileiro e à dignidade de inúmeros segmentos sociais. Compreensível, se tais atos não misturassem o culto a uma pessoa com o festejo de sua doentia ode anti-homoafetiva e sua histeria pandemônica contra ideias progressistas. O culto inclui a veneração abjeta de personagens consideradas ultrajantes pelo país, como o ex-chefe do DOI-CODI/SP, torturador Carlos Alberto Ustra, em apologia indiscutível ao regime de exceção instaurado em 1964. O mesmo que surrupiou a democracia nacional, fazendo letra morta não só de garantias de proteção individuais, como de prerrogativas políticas dos cidadãos. Nada a se opor, portanto, se esses "rolezinhos" de mau gosto não se prestassem a propagar o fascismo, livre e abertamente, Brasil adentro.

Diante de assombrosa circunstância, é válido resgatar a lição extrema demonstrada no documentário "Hitler on Trial: The Truth Behind the Story", que retrata a saga do advogado Hans Litten. Em 1931, Hans requereu a intimação de Hitler para testemunhar em julgamento de membros da S.A (força paramilitar antecessora da S.S), acusados de agredirem e exterminarem comunistas. Além de fazer justiça no caso concreto, o causídico nunca escondeu que era seu objetivo mostrar que o incipiente Partido Nazi, à época encantando a classe média germânica com hinos conservadores, ancorava-se nos direitos de liberdade de pensamento e expressão para estimular o ódio, estando por trás de uma onda de violência que, se tolerada e ungida ao poder, poderia pôr em risco o Estado democrático alemão. Dito e feito! O tribunal claudicou, a testemunha dois anos depois chegou ao poder e o resultado todo mundo conhece: a democracia de Weimar foi implodida, com a humanidade chegando ao extremo do aniquilamento moral na II Grande Guerra.

Diz-se discurso do ódio a maneira ardilosa, possivelmente virulenta, de um segmento da sociedade se posicionar contra outro segmento. Trata-se de uma postura discriminatória, cuja ocorrência tem por base um preconceito movido por grupo social contra outro, devido a circunstâncias fundamentadas em diferenças de cor, gênero, procedência, orientação sexual, prática religiosa etc., incluindo-se aí o ideário político.

O constitucionalismo moderno inadmite a existência de direitos fundamentais individualmente absolutos, pois entende que absoluto é tão-somente o conjunto integrado e interdependente de garantias essenciais reconhecidas pelo Estado. Assim, em tese, os direitos de manifestação e de expressão devem ser sempre admitidos, desde que não irrompam contragarantias semelhantemente consideradas fundamentais para o próximo, tomando-se como ponto de partida os standards sociais coletivos de fraternidade e igualdade.

No caso concreto da ação e do discurso, no Brasil, havendo possíveis colisões entre alternativas jurídicas, no afã de modular o caráter ético da liberdade insculpida no art. 5º, IV, "é livre a manifestação do pensamento, sendo vedado o anonimato", a Constituição impõe um necessário contraste entre a potencialidade da ofensa e as consequências da possível vulneração dos direitos fundamentais dos terceiros correspondentes. Tal ponderação não pode deixar de considerar, por exemplo, a existência de garantias relevantes para o conjunto, como as seguintes, petrificadas na própria Constituição: a República Federativa do Brasil constitui-se em Estado democrático de Direito e tem como fundamentos a cidadania (art.1º, inciso II), a dignidade da pessoa humana (art.1º, inciso III) e o pluralismo político (art.1º, inciso V); constituem objetivos fundamentais da República Federativa do Brasil construir uma sociedade livre, justa e solidária (art. 3º, inciso I), a promoção do bem de todos, sem preconceitos de origem, raça, sexo, cor, idade e quaisquer outras formas de discriminação (art. 3º, inciso IV); a República Federativa do Brasil rege-se nas suas relações internacionais pelo princípio da prevalência dos direitos humanos (art. 4º, inciso II); todos são iguais perante a lei, sem distinção de qualquer natureza (art. 5º, caput).

Portanto, uma vez verificada a ofensa (ou mesmo a possível ofensa) a quaisquer das garantias coletivas e alheias supramencionadas, devem a manifestação e o discurso, efetiva ou iminentemente agressivos, ser repelidos pelo sistema jurídico. Com a imputação ao agressor (ou potencialmente agressor) de todas as consequências que a espada da Justiça puder dispensar à situação, a fim de que permanentemente se recorde que a democracia brasileira tolera tudo, menos a intolerância, havendo cada indivíduo de suportar as consequências jurídicas que a lei prescrever ante o prejuízo da dignidade do próximo. Se, por um lado, as instituições jurídicas não podem ignorar a igualdade de dignidade entre as pessoas, por outro o sistema nacional de justiça não deve, sob hipótese alguma, subestimar o potencial lesivo do fascismo. A história já mostrou que fascistas só respeitam liberdades de manifestação e de expressão quando lhes são convenientes. Numa democracia verdadeira, discurso do ódio e fascistas não passam.

(Junho de 2016)

GOLPE E RETROCESSO LABORAL

A performática estratégia utilizada para destituir a presidenta Dilma Rousseff de seu mandato presidencial, legitimamente conquistado nas urnas, em 2014, sem qualquer razão jurídica que justificasse tal medida extrema, assombra o mundo, por implicar na substituição de uma mandatária contra quem nada de errado se ouviu falar por um séquito de políticos implicados nos mais variados escândalos de corrupção e crimes contra a administração pública. Mas ela chega a ser pouco, ante o gravíssimo risco que ora depõe-se contra a nação em seu núcleo normativo de proteção aos trabalhadores. Os documentos que vieram a público, endossados pelo chefe do governo golpista interino, "Ponte para o futuro" e "Travessia social", são libelos de defesa do liberalismo nu e cru, potencialmente devastadores, uma vez que, sob o argumento do estímulo à produção e à consequente geração de empregos, procuram flexibilizar a legislação trabalhista. Tais documentos facilitam a alteração nas condições de trabalho, a partir do endosso à estratégia do negociado sobre o legislado, ou seja, da individualização da contratação laboral entre empresa e empregado, alijando, o máximo possível, a classe obreira da proteção de seu sindicato. A ideia é deixar o trabalhador, parte mais vulnerável da relação laboral, nas mãos gananciosas do patrão.

A flexibilização, cobrada por Wall Street, através de marionetes da FIESP, não vem por acaso. Ela é uma necessidade intrínseca ao establishment neoliberal. Sendo o neoliberalismo a vitória do capitalismo financeiro sobre o capitalismo produtivo, portanto, do capitalismo especulativo sobre o capitalismo modelador de uma sociedade composta por um coletivo voltado à produção (empresários e empregados), não há como reservar-se espaço para empregos convencionais. Um capitalismo de agiotagem, resolvido à base de juros e mais juros, não precisa de trabalhadores, quanto mais de regras que os beneficiem. Intrinca, ainda mais, o itinerário da usura. Subempregos, trabalhos precários, relações informais de trabalho são, por si só, suficientes às necessidades neoliberais.

Na obra *Os trabalhadores e a crise do Capitalismo*, António Avelãs Nunes demonstra que o sindicato é uma pedra no sapato do mandachuva neoliberal. Primeiro, porque num instinto keynesiano é uma instituição que luta por melhorias salarias; segundo, porque busca petrificar, na legislação laboral, direitos em benefício da classe obreira, os quais condicionarão o desenvolvimento econômico a um mínimo de segurança social; terceiro, porque o sindicato protagoniza a negociação coletiva. Se o sonho de todo neoliberal é um mercado autorregulável, sem regras pré-fixadas que lhes possam tolher a volúpia financista, portanto permeado de relações de emprego aptas a terem segurança laboral elidida toda vez que a diminuição da mais valia incidir negativamente no caixa da empresa, é óbvio que o sindicato não é uma estrutura bem-vinda aos olhos dos senhores do mercado. Trata-se, ao contrário, de um ente que precisa ser apartado do jogo. E o estímulo à individualização da contratação e do domínio das alterações contratuais é apenas uma das muitas táticas utilizadas pelo neoliberalismo para impulsionar a desagregação sindical.

Não há política de distribuição de lucros que se compare a uma convenção coletiva de trabalho. Em síntese, porque o resultado da contratação coletiva não é um conjunto de penduricalhos filantrópicos distribuídos pelo patronato aos servos de suas empresas, mas um rol de garantias com previsão de busca pré-definida no ínterim da categoria mobilizada, via de regra, em campanha salarial e, posteriormente, conquistadas a fórceps pelo sindicato, no desenrolar da negociação coletiva. A ação do sindicato, pois, é a própria antítese do sonho neoliberal. A um só tempo desenvolve, via contratação coletiva, um caminho oposto ao da individualização da negociação; promove a conquista de garantias mais consistentes aos trabalhadores de sua base de representação; permite a conscientização da categoria, de modo não apenas a lutar para que direitos não sejam ceifados da ordem laboral juridicamente constituída, como também para que outros sejam ali inseridos.

Dessa maneira, compatibilizar a existência do negociado com o legislado é válido, mas desde que não se opere a uma individualização da negociação ou à substituição desmesurada dos contratos coletivos por acordos de empresa. E desde que o protagonismo dessas operações permaneça sob o domínio do sindicato. Mais do que isso, que o legislado permaneça intocado, porque prestigiar, de forma ampla e irrestrita, o negociado é algo de grandíssimo risco à conjuntura nacional, já que a realidade do sindicalismo brasileiro é de extrema pulverização. Há milhares e milhares de sindicatos pelegos, não verdadeiramente representativos de suas categorias profissionais, existindo tão-somente para satisfazer os anseios das classes patronais. Não custa lembrar que o golpe em curso no país, que agora mira a incolumidade dos direitos laborais, contou com o apoio explícito de algumas centrais sindicais, de tal maneira que, dando-se preferência ao negociado frente o legislado, pouco tardará para que convenções coletivas disponham sobre reduções salariais, a pretexto de ajustamento ao quadro recessivo global.

Movimentos sindicais legítimos não podem aceitar medidas que venham a implicar na deterioração das condições laborais. Daí que, desde a ideia do reforço do negociado sobre o legislado, até a supressão de direitos historicamente acrescidos ao patrimônio jurídico de trabalhadoras e trabalhadores, como irredutibilidade salarial, abono de férias, décimo terceiro, FGTS, abono salarial, impedimento de terceirizações além das hipóteses hoje permitidas, alterações no regime da jornada de trabalho, expedientes nas áreas de segurança e medicina do trabalho ou no regime previdenciário, dentre outras iniciativas danosas à situação obreira, nada pode ser acatado sem a devida reação.

Entidades classistas profissionais e operadores jurídicos laborais politicamente responsáveis devem estar atentos para reagirem ao blefe pernicioso proposto pelo governo ilegítimo. Lembrando-se que tem sido marca indelével dos neoliberais bradarem contra a intervenção estatal nas relações de trabalho sempre quando lhes convém, mas foram estes mesmos liberais que sempre buscaram a presença marcante do Estado no cotidiano do trabalho, quando para disciplinar os trabalhadores ajustando-lhes às exigências patronais, criminalizar as ações sindicais, em especial greves e piquetes, para impedir a autonomia sindical submetendo entidades aos tentáculos do Ministério do Trabalho. Ou quando para subsumir as regras sindicais, sobretudo eleitorais, ao aparato normativo-judiciário conservador.

Todo governo golpista é essencialmente ruim, mas um golpe neoliberal poderá implicar em repercussões desastrosas para o meio econômico-social, porque não se trata apenas de um retrocesso nas regras civis democráticas, mas um regresso vil a condições laborais precárias de estágio histórico anterior que já se pensava superado. A destituição da presidenta Dilma Rousseff não foi financiada pelas grandes organizações patronais do país e centrais sindicais pelegas por acaso. Que as trabalhadoras e os trabalhadores do Brasil não se esqueçam disso.

(Junho de 2016)

LULA E OS CONCURSADOS

Não vejo razões para não minimizar os efeitos do comentário do ex-presidente Lula acerca da atuação de servidores públicos, em seu discurso à nação, no dia posterior ao show de mídia patrocinado pelos procuradores da república responsáveis pela Lava Jato. Esta operação é um espetáculo jurídico bizarro, excepcionalmente bem resumido pela expressão "não tenho provas, mas tenho convicção", pelo excesso de retórica e o absurdo senso de irresponsabilidade com a aplicação do Direito e a justiça.

Até reconheço que o ex-presidente Lula pecou ao não aclarar melhor seu pensamento numa colocação pontual, preferindo um discurso improvisado de uma hora. Porém, quem assistiu à transmissão sabe bem que sua fala teve endereço certo. Seu objetivo foi dizer que procuradores da república, como os da Lava Jato, ou um juiz, como o Moro, estão redondamente equivocados ao acreditarem que no exercício de suas funções, apenas porque passaram num concurso público (ressalve-se o mérito individual de cada um, mesmo em cenário de aviltantes desigualdades de oportunidades entre os concorrentes) podem tudo, inclusive esquecer a Constituição, ignorar a lei.

Ora, se até os políticos, que têm que "pôr a cara a tapa" à população, em eleições periódicas, devem respeito à ordem jurídica, por que não os agentes do serviço público, ainda mais os burocratas integrantes da aristocracia judiciária, cuja devoção ao ordenamento deveria ser ainda maior? Em resumo, todos devem respeitar a lei: políticos, servidores públicos, todos!

Quem acompanhou o discurso do ex-presidente Lula entendeu o contexto em que ele quis desenvolver seu raciocínio. É evidente, por outro lado, que os seus adversários, na tentativa de desviarem o foco do real problema, irão manter sempre a falsa retórica de que o ex-presidente ofendeu os servidores públicos. Uma pena, porque foi ele o mandatário nacional que mais abriu vagas (e valorizou carreiras) no serviço público federal, na história do Brasil. Os dados estão aí para provar. Depois dele, só a presidenta Dilma foi tão expressiva. Só no sistema de justiça foram milhares de vagas, distribuídas dentre juízes federais, do trabalho, no ministério público, geral e especializado, na procuradoria e advocacia da União, na Defensoria Pública federal, além dos cargos de servidores em todos esses órgãos, para não citar os órgãos de polícia federal e polícia rodoviária federal, dentre delegados e agentes federais. Na educação, outros milhares de vagas foram abertas, dentre professores e servidores técnico-administrativos de doze novas universidades, duas centenas de Institutos Federais de Ciência e Tecnologia, e por aí vai.

O que é mais lamentável em toda essa polêmica é ver que muitos dos concursados, que ontem erradamente bateram panela e que entraram no serviço público exatamente porque o ex-presidente Lula abriu vagas, pelo jeito continuam querendo persistir no erro. No final, serão os maiores prejudicados, porque o governo golpista que aí está já vem dando sinais de que logo corroerá vencimentos e proventos públicos, com ausência de reajustes salariais e superveniência de impactos inflacionários. Suspenderá, também, novos concursos e, quando não privatizar estatais, incrementará regimes de PDV, aumentando, em muito, a sobrecarga de serviço nas empresas e repartições do governo.

O ex-presidente foi preciso em sua fala, ao ecoar Brecht e deixar subentendido que o pior analfabeto é o analfabeto político.

(Setembro de 2016)

LEONARDO BOFF E A REINVENÇÃO DA POLÍTICA

Recentemente, ao palestrar para gestores do governo sobre o cenário da crise nacional, o erudito teólogo Leonardo Boff disse que nós brasileiros só conseguiremos superar com êxito esse momento duro da história se tivermos capacidade de resgatar duas coisas: o princípio da esperança e a resiliência. Além disso, para o filósofo, nenhuma mudança estará fora da política, sendo necessário ressuscitá-la para superar este crônico estágio. Referia-se a uma política que efetivamente promova a igualdade de oportunidades, a partir do reconhecimento das diferenças; que, ancorada nos direitos humanos, valore a dignidade das pessoas mais humildes. Mas não qualquer política, uma que seja humanista, que entregue muito para os pobres e pouco para os ricos, pois foram estes, não aqueles, que historicamente se locupletaram das riquezas nacionais. Assim, a política a ser resgatada é aquela que efetivamente promova a igualdade de oportunidades, a partir do reconhecimento das diferenças; que, ancorada nos direitos humanos, valore a dignidade das pessoas mais humildes. Em síntese, os brasileiros precisamos reinventar uma política que se oriente a partir da base, que seja uma práxis democrática em sua essência e permanentemente democrática em seus processos de operação. Afinal, a própria democracia é um fato em perene construção.

Saí feliz da conferência. Desde que passamos a responder pela interinidade da Secretaria Especial de Políticas sobre Drogas do Ceará, inauguramos uma dinâmica de diálogo face a face com a sociedade, para além das reuniões ordinárias da pasta. Rodas de conversa já foram realizadas com movimentos sociais de mulheres, de juventude, LGBT, organizações específicas de políticas sobre drogas, estando já programados encontros com pessoas com deficiência e conselheiros de conselhos comunitários de defesa social, dentre outros públicos vulneráveis. O objetivo das rodas não é outro senão, dando azo ao que almeja o governador Camilo Santana, alinhar as ações estatais relacionadas às políticas sobre drogas às expectativas reais da sociedade cearense.

Como bem lecionou Boff em sua exposição, dar voz à população para que discuta e acompanhe permanentemente o desenvolvimento das políticas públicas estatais é um marco pedagógico: toda vez que se deixa o povo falar, ele não diz apenas palavras, ele revela coisas. Na SPD, as políticas continuarão sendo articuladas democraticamente.

(Março de 2017)

IDEOLOGICAMENTE FALSO

Na obra *Ética e sociabilidade*, o filósofo Manfredo de Oliveira diz que "a ordem social, ética e política não é um dado da natureza. Só a razão consegue legitimar essa ordem e superar o estado caótico da vida natural, em função da autoconservação dos indivíduos" (1993, p.20). O argumento situa o ser humano no centro da atividade terrena, entregando à dimensão de sua liberdade o protagonismo das ações e transformações históricas necessárias ao bom convívio. Esta circunstância não elide o fato de que o ser humano é um ente coletivamente posto no mundo, estando sua subjetividade adstrita ao interesse coletivo.

Dando curso ao raciocínio, Olinto Pegoraro, em *Ética é justiça*, adverte que "ninguém é ético para si mesmo, mas em relação aos outros e ao mundo exterior" (2002, p.101), significando dizer que, pelo zelo do interesse comum, a ética não deve ser compreendida como algo advindo de decisão exclusivamente subjetiva. A existência de uma convivência pacífica e a realização de uma sociedade sustentada à base do respeito estão diretamente associadas a "uma noção de ética e de justiça extensiva a toda coletividade, e não originária do arbítrio de cada pessoa", é o que pontua Josaphat Marinho, em *Ética, Justiça e Direito* (PINHEIRO et al., 1996, p. 128).

Foi com fulcro na premissa acima, de que a melhor ordem é aquela que se funda na harmonia social, que, segundo o preâmbulo da Constituição, reuniu-se a Assembleia Constituinte para dar escopo ao Estado brasileiro. Daí fazer sentido quando a Constituição dispõe, no art. 3º, que são objetivos fundamentais da república construir uma sociedade justa e solidária (inciso I) e promover o bem de todos (inciso IV). Não por mero acaso, mas para viabilizar uma ambiência harmonizada, uma coletividade mais equalizada em suas arestas sociais, o Título II providenciou, dentre os direitos e garantias fundamentais, dezenas de normas individuais e coletivas, de cunho social e político. No cerne de toda articulação jurídica, fruto do consenso social, está o princípio da presunção de inocência, consagrado no inciso LVII do art. 5º.

Pelo respeito à natureza democrática que guardam em si, os órgãos do Estado estão intimamente vinculados ao dever de cumprir as normas supremas da nação. O art. 127 da Constituição incumbiu o Ministério Público de zelar permanentemente pela "defesa da ordem jurídica, do regime democrático...". Por isso, é inadmissível que seus membros ignorem os pressupostos normativos da Constituição, fazendo pouco caso da perspectiva jurídica geral, unicamente para conformar seus interesses subjetivos, políticos e especulativos.

No caso do escarcéu jurídico criado em torno dos recibos de locação apresentados à Justiça pelo ex-presidente Lula, com os quais demonstra não ser proprietário do afamado apartamento 121, supostamente objeto de propina da Odebrecht, cabe dizer que, se a Procuradoria da República paranaense opta por não dar curso à realização de perícia técnica sobre a fé documental, que reconheça a idoneidade do material ou silencie. Desistir, porém, do periciamento após sustentar, com veemência, a certeza de uma dissimulação que não conseguiu provar e, na contramão do princípio da presunção de inocência, bem como de toda justificativa já concedida pela defesa, excogitar a indecorosa fabulação de que os recibos são "ideologicamente falsos" é um atentado não apenas à racionalidade jurídico-normativa (indisfarçável *lawfare*), como à ética que deve mover a conduta de qualquer ser humano, sobretudo quando é encarregado pelo Estado da manutenção da harmonia social.

(Dezembro de 2017)

HISTÓRIA SEM DILMA NÃO É HISTÓRIA

Qualquer pessoa minimamente comprometida com a luta pela superação da discriminação de gênero sabe que o patriarcado é um fenômeno social, histórico e cultural, que transcende nações e classes econômicas. Projeta-se sobre normas morais, jurídicas e saberes científicos, os quais negativamente impactam na igualdade entre mulheres e homens, nos mais distintos ambientes de convivência, dos meandros do mercado de trabalho ao íntimo das famílias. O fenômeno é tão absoluto socialmente, que ações estatais, afirmativas ou judiciais, são insuficientes para impedir o seu alastramento. Somente com o engajamento direto e incisivo da sociedade na massificação de novas ideologias e comportamentos é possível alcançar-se um cenário de equilíbrio em termos de tratamento e oportunidades entre sexos e gêneros.

Saudável a nação que estimula o empoderamento da mulher, legitimando sua emancipação plena. No Brasil, apesar da persistente oposição do patriarcado, é inegável a potencialização de um reconhecimento progressivo da importância social feminina. O mercado editorial, por exemplo, vem difundindo um conjunto de obras cada vez mais especializadas em estudos jurídicos, sociológicos e históricos sobre os temas da discriminação e da violência de gênero, do feminismo e da análise biográfica de mulheres que, no âmbito de suas ações, contribuíram ou vêm contribuindo com a luta pela justa equivalência nas relações sociais.

Apesar disso, assusta o fato de que algumas das obras dispostas a reescrever a história emancipatória feminina no país insolentemente não mencionem a participação da ex-presidenta Dilma Rousseff neste processo. Apenas por haver sido a primeira presidenta da República a omissão, por si só, já seria indesculpável. Entretanto, há, ainda, a circunstância objetiva do curso de toda uma trajetória de vida, desde a mais tenra juventude, dedicada corajosamente ao confronto da misoginia e à superação dos obstáculos impostos à mulher na vida familiar, na carreira profissional, no debate teórico, na esfera política. Não é honesto não considerar as contribuições efetivas da ex-presidenta à frente do executivo nacional.

Jamais se viu, no país, tantas mulheres no comando de ministérios e estatais, tantas políticas públicas direcionadas ao segmento feminino, tantas leis aprovadas para inibição da violência de gênero e o incremento da inclusão social das mulheres. Portanto, gostar de exclui-la ou possuir algum ressentimento contra a ex-presidenta Dilma não deslegitima sua consagração nos anais da história brasileira, sequer do mundo, como nome fundamental no processo de empoderamento feminino. Importante, inclusive, salientar que o fato de ser mulher pesou na decisão de seu esdrúxulo afastamento do cargo para o qual fora eleita com mais de 54 milhões de votos. A prova disso foi a repulsiva campanha difamatória que teve que suportar durante toda sua saga à frente das mais elevadas pastas executivas nacionais, desde quando especulada como candidata à sucessão do ex-presidente Lula (ocasião em que, lutando contra um câncer, não foi poupada das mais desprezíveis insinuações), até o desfecho da criminosa conspiração golpista iniciada imediatamente após a reeleição de 2014. Neste momento deflagrou-se a maior e mais covarde empreitada social e institucional de degeneração moral à imagem de uma figura pública no Brasil, algo somente comparado, por razões de mesquinharia política e sordidez econômica, ao que presentemente se inflige, igualmente de maneira injusta, ao Ex-presidente Lula.

Resumindo concretamente: um livro sobre mulheres brasileiras de destaque que não inclua a ex-presidenta Dilma não merece ser comprado, muito menos lido, por não refletir a verdade histórica. Sequer merece ser considerado livro.

(Janeiro de 2018)

QUADRILHA JUDICIÁRIA?

O caso das notas fiscais emitidas por empresas curitibanas como comprovantes de uma reforma que não houve no triplex do Guarujá, supostamente atribuído ao ex-presidente Lula por coparticipação em esquema de propinas confabulado, às escuras, entre Petrobrás e OAS, paulatinamente vem se demonstrando num possível caso, gravíssimo e surreal, de quadrilha formada dentro do sistema judiciário, com o fito específico de prejudicar um réu. Uma vez confirmadas as suspeitas, a denúncia de *lawfare*, conferida ao uso judicial do direito pela instância federal criminal paranaense como instrumento de intimidação e coação ao ex-presidente, passa a ter um sentido miúdo na qualificação do quadro circunstanciado. Bem mais do que prejudicar uma pessoa com um confinamento injusto e descabido, produto de malfeitos judiciários meticulosamente pensados, impõe uma ilegítima privação ao povo brasileiro de votar em, e provavelmente eleger, seu candidato de maior preferência nas próximas eleições presidenciais no país. Haveria, portanto, o uso do *lawfare* não apenas contra o ex-presidente Lula, mas contra a democracia brasileira e parte maciça da população do país, segundo indicado em pesquisas recentes.

As comentadas notas fiscais, algumas delas emitidas por empresas de filiados tucanos de Curitiba, tudo indica, encerram uma maquiavélica sequência de atos atentatórios à justiça, originados de onde mais se deveria zelar pela verdade. É de deixar boquiaberto qualquer um que preze pela dignidade do Direito ou que minimamente considere a justiça como um assunto sério. Malfadadas notas foram normalmente juntadas ao processo pelo Ministério Público Federal e apenas eventualmente desmascaradas como emitidas para obras não realizadas, após providencial ocupação do Movimento dos Trabalhadores Sem Teto demonstrar que nenhuma reforma havia sido realizada dentro do triplex. Cuja propriedade, aliás, o aparelho judiciário nunca sequer teve a prudência de cogitar que não fosse do ex-presidente Lula, embora, quanto ao fato, nada jamais comprovasse. Unicamente se baseou em depoimentos de representantes legais da OAS, manifestados em inquéritos e audiências judiciais inequivocamente interessados em prováveis acordos de leniência e colaborações premiadas. O que chega ao conhecimento público, agora, é que a defesa do ex-presidente Lula bem que tentou, mas não conseguiu periciar as supostas reformas do triplex durante a fase de conhecimento processual, porque o MPF impôs-se contra as requisições e o juiz Sérgio Moro, insensatamente, endossou os argumentos ministeriais.

Num final mais que previsível, já amplamente conhecido em todo mundo, segue-se uma dura sentença condenatória prolatada contra o ex-presidente Lula. Ela se embasa no recebimento do triplex reformado como prova de propina paga pela OAS, em contrapartida dos benefícios auferidos nas supostas negociatas com a Petrobrás. Porém, de maneira alguma foram comprovadas tais negociatas. A bem da verdade, não se comprovaram com o necessário rigor nem a existência de correlação entre as eventuais propinas da Petrobrás e a OAS, tampouco a eventual ligação de tais propinas e o imóvel do Guarujá. Também não se demonstrou a propriedade do triplex do Guarujá como sendo do ex-presidente Lula, o que teoricamente deveria ser algo simples de se realizar, caso fosse verdade. Afinal de contas, fala-se da maior operação investigatória já havida no país, com acesso amplo a contratos e documentos de toda sorte, no Brasil e fora das fronteiras nacionais, conversas telefônicas, contas no estrangeiro, conduções coercitivas, isto é, uma infinidade de meios legítimos e arbitrários de fiscalização e arapongagem. Por fim, muito menos restou aclarada a realização das reformas que supostamente demonstrariam que o apartamento estava sendo preparado para o ex-presidente. Muito pelo contrário, as mesmas não existiram. Para impactar ainda mais o que vem sendo desmascarado, vem à tona, nos últimos dias, a informação de que as obras não foram feitas, mas notas de realização de serviços foram emitidas por empresas sediadas a quilômetros e quilômetros distantes do Guarujá, e mesmo sendo do Estado de São Paulo, coincidentemente estão sediadas na cidade de Curitiba. Algumas delas são de propriedade de empresários filiados ao PSDB, partido político com o qual o Juiz Sérgio Moro possui indisfarçável aproximação afetiva, se não ele propriamente, seu núcleo familiar mais direto, pai, esposa, etc.

Enquanto isso, o ex-presidente Lula, cuja ação penal tramitou em tempo recorde no TRF4 (cerca de dois meses, incluído o período de recesso judiciário de fim de ano), segue confinado sem poder receber visitas de ex-presidenta da República, de vencedor de Prêmio Nobel da Paz, de personalidade teológica universal, quem sabe futuro Santo, além de senadores, deputados, governadores, sequer de um médico para avaliar-lhe o estado clínico. Afinal, em que século estamos mesmo no Brasil?

(Abril de 2018)

LULA CANDIDATO SIM

Como é de amplo conhecimento, o ex-presidente Luiz Inácio Lula da Silva acionou, em 2016, com base na hipótese prevista no art.1° do Protocolo Facultativo ao Pacto Internacional de Direitos Civis e Políticos (com competência reconhecida pelo Brasil através do Decreto Legislativo 311/2009), o Comitê de Direitos Humanos da ONU (órgão previsto no art. 28 de citado Pacto, também reconhecido pelo Brasil através do Decreto 592/92). Alegou ao Comitê a violação de determinadas liberdades fundamentais, como, por exemplo, o fato de haver sido vítima de violenta condução coercitiva determinada judicialmente, operacionalizada por centenas de policiais, numa época em que sequer era réu da Justiça. Ou a determinação judicial ilegal (oriunda do mesmo juízo) de quebra de sigilo telefônico de chamada realizada com a então presidenta Dilma Rousseff, sem autorização do STF, com eventual vazamento do teor do áudio para a imprensa nacional. Alegou também ofensa à sua dignidade e honra, dentre outros aspectos, os quais demonstravam que o ex-presidente estava sendo forçosamente submetido a um juízo parcial, inquisitório e seletivo, não por acaso estando hoje aprisionado sem sequer haver usufruído de seu direito constitucional de recorrer em liberdade a todas as instâncias judiciárias.

O comunicado do ex-presidente endereçado ao Comitê de Direitos Humanos da ONU em 2016 (Comunicado n. 2841/2016) não foi decidido em definitivo. Porém, considerando factíveis e bem fundamentadas as violações alegadas, adensadas, agora, de outro elemento que diz respeito a uma possível nova violação do art. 25 do Pacto Internacional de Direitos Civis e Políticos, que se refere à garantia de não discriminação em matéria de direitos políticos (no caso, ao registro do ex-presidente Luiz Inácio Lula da Silva como candidato à Presidência da República nas eleições em curso, incluídos aí seu direito de participação político-eleitoral pleno), o Comitê de Direitos Humanos da ONU determinou, em resposta à comunicação incidental realizada pela diligente defesa do ex-presidente, em 27 de julho passado, que o Estado brasileiro, por suas instituições competentes, gestione no sentido de garantir ao ex-presidente o gozo dos direitos de candidato à Presidência da República, em igualdade de condições com os demais candidatos.

A requisição internacional não impressiona, pois todo ser humano, dentro ou fora do Brasil, deveria ter direito de usufruir da máxima da presunção de inocência até o esgotamento dos recursos judiciais cabíveis. Saliente-se que, no caso concreto, está-se falando de uma situação permeada de transgressões jurídicas e judiciais em série, que mais dia, menos dia serão desmascaradas nacional e internacionalmente. A medida do Comitê de Direitos Humanos da ONU também em nada abala o bom senso, quando se percebe, com clareza induvidosa, que o ex-presidente está sendo impedido de candidatar-se por ser o candidato potencialmente com maior preferência popular. A denegação de sua candidatura seria, portanto, um erro de impossível reparação, uma hipótese que nenhuma reversão judicial poderia eventualmente compensar.

Neste momento em que se discute se o Brasil deve ou não cumprir a determinação do Comitê de Direitos Humanos da ONU, é importante deixar muito bem esclarecido que não cabe à Justiça brasileira, ou a qualquer outro poder que seja neste país, alegar soberania nacional para descumprir tal decisão. O Brasil é signatário de todos os pactos internacionais de direitos humanos atinentes ao caso. Descumprir a medida seria, por exemplo, em sentido diverso, porém com perspectiva semelhante, não atender ao que ninguém ousa questionar acerca dos deveres de proteção cautelar determinados internacionalmente no caso de Mônica Benício, viúva da ex-vereadora Marielle Franco. Mônica vem sofrendo ameaças desde a covarde execução de sua companheira. No caso do ex-presidente brasileiro o agravante ainda mais enfático é que a matéria não tramita na Comissão Interamericana de Direitos Humanos, mas no Comitê de Direitos Humanos da ONU, principal órgão monitorador do sistema global de proteção dos direitos humanos das Nações Unidas.

Por tudo isso, achando-se bom ou não, Lula é candidato, sim, à Presidência da República.

(Agosto de 2018)

VOTO CERCEADO

Decidir se prefere julgar ou legislar é o maior problema do Judiciário brasileiro atualmente. Óbvio que o dilema afeta a aplicação da justiça. Não é fácil aceitar a decisão do STF, do último dia 26, de cancelar, a dez dias das eleições, cerca de 3,5 milhões de títulos de eleitores.

Quando define o direito de voto no art. 14, a Constituição não se refere a título de eleitor, muito menos a biometria, mas a alistamento eleitoral e idade. Portanto, quem está dentro da idade e alistado eleitoralmente tem direito de votar. Não é razoável supor que alguém que tenha um título de eleitor na mão não esteja eleitoralmente alistado. O princípio mais importante em jogo não era o modelo de cadastramento a permitir a votação, se por papel ou biometria – o título em papel sequer era mais necessário para votar, bastando ir-se à seção eleitoral correta, com documento de identificação oficial com foto. O princípio mais importante em discussão era a preservação do direito de voto, expressão maior da soberania popular num regime democrático.

Defender que alguém não possa votar por causa de uma irregularidade incidental é despropositado, inclusive porque é difícil precisar o quanto a população, sobretudo nas localidades mais distantes, teve acesso à informação de recadastramento eleitoral. O problema do Judiciário brasileiro é que ficou mecânico, com interpretações baseadas mais no acessório do que no principal. Existe, efetivamente, mais interesse em legislar do que em encontrar a justiça.

É questionável sugerir que o STF tenha agido por motivação política na intenção de atingir uma candidatura específica, pelo fato de os eleitores prejudicados serem maciçamente nordestinos. Porém, bem mais grave do que isso é considerar que, por causa de um detalhe, afrontou-se a dignidade cívico-eleitoral de 3,5 milhões de pessoas. Não de quaisquer pessoas, mas seguramente das mais pobres, para quem a informação chega com maior dificuldade, ou sequer chega. É prova de que, no Brasil, há duas jurisdições em aplicação, uma que vale para alguns e outra, uma jurisdição de exceção, que vale para outros. Tem sido assim, seletivamente, a aplicação da justiça no país. Hoje, quem tem o direito de voto cerceado são os mais pobres. Amanhã, só o futuro dirá.

(Setembro de 2018)

ESTELIONATO ESPIRITUAL

O estelionatário é aquele que dá o golpe visando tirar vantagens. Ele é corrupto e antiético por natureza. O Brasil vem convivendo parcimoniosamente, há anos, com um tipo *sui generis* de estelionato praticado pelos mais diversos credos: o estelionato espiritual, que se utiliza do poderoso argumento da "vontade de Deus" para manipular pusilanimemente pessoas, notadamente as mais vulneráveis intelectualmente, com o objetivo de satisfazer interesses induvidosamente alheios à comunhão e ao louvor.

As eleições de 2018 têm revelado uma ambição massificada de várias Igrejas em alcançar o domínio político do país. Elas querem converter o Estado em entidade moralmente teocrática, ignorando a pressuposição constitucional da laicidade estatal, apregoada pela combinação dos artigos 5º, VI, e 19, I, da Constituição.

O apoio de Igrejas em torno de certas candidaturas transcende a preocupação, que deveria ser elementar, com a disseminação de valores cristãos. Alguém que reverbera suposta preocupação com a família, mas afirma a uma mulher coisas como "só não estupro você porque você não merece" ou "tive quatro filhos homens; na quinta vez, fraquejei e nasceu uma mulher", não tem moral para se apresentar como defensor de qualquer família, sequer de sua própria.

Realizar apologia à violência, banalizando inclusive a ação de matar e venerar torturadores ou proliferar ideias apinhadas de misoginia, racismo e xenofobia, também escapa radicalmente aos princípios cristãos.

(Outubro de 2018)

ITAMARATY ESCATOLÓGICO

A decisão do presidente eleito de indicar para seu ministro das relações exteriores o diplomata Ernesto Araújo é assombrosa. A Convenção de Viena sobre o Direito dos Tratados de 1969, promulgada pelo Decreto 7.030/09, prescreve no art. 7.2.a, que "*Em virtude de suas funções e independentemente da apresentação de plenos poderes, são considerados representantes do seu Estado: a) os Chefes de Estado, os Chefes de Governo e os Ministros das Relações Exteriores, para a realização de todos os atos relativos à conclusão de um tratado*". Portanto, para efeitos de relações internacionais, a sociedade internacional equipara o chanceler ao próprio chefe de Estado. Não obstante, o indicado para a função não parece possuir quaisquer condições emocionais de responder pelo importante posto. Nem tanto por suas posições políticas exóticas, como, por exemplo, afirmar que o PT é o partido do terror, o partido totalitário, o partido da tirania; ou por afirmar que o acordo climático de Paris, endossado por 175 nações, quase todas capitalistas, é uma trama marxista; tampouco por sustentar que o nazismo seja uma ideologia de esquerda. Mas, simplesmente, porque não será reconhecido como alguém sério, capaz de negociar em nome de sua nação em mesas internacionais.

O amor incondicional pela política de Trump (manifesto na indisposição para com o Mercosul já anunciada por outro ministro) pode ser um tiro no pé. Negociar não pressupõe divergência, mas também não pode significar convergência incondicional. A compreensão do interlocutor como alguém de posições coerentes é elementar para a obtenção do respeito no debate. Está no livro do diplomata Eugênio Vargas Garcia, *O Brasil e a criação da ONU* (p. 300): o país só não conseguiu uma cadeira permanente no Conselho de Segurança das Nações Unidas pelo receio das demais nações de que os Estados Unidos lograssem voto duplo com a participação nacional. Ou seja, a história é impiedosa com os vassalos. Dizer, como o próximo chanceler brasileiro disse, que a Europa é um espaço cultural vazio só demonstra o quão vazia de cultura é a sua mente. Não por outra razão o ex-ministro da Justiça, Educação, Relações Institucionais da presidência, do Conselho de Desenvolvimento Econômico Social, ex-governador do Rio Grande do Sul e prefeito de Porto Alegre, Tarso Genro, acusou-o de mentalmente débil.

(Novembro de 2018)

CHANCELER DESACREDITADO

A tensão política na Venezuela configura uma situação que se arrasta há décadas, desde que milhares de venezuelanos foram às ruas, no Caracaço de 1989, e centenas foram mortos. A partir dali, Hugo Chávez tentou chegar ao poder e fracassou em um levante militar, foi preso, anistiado, eleito e eventualmente reeleito, não sem antes promulgar uma constituição que alterasse as estruturas de poder e refundasse a lógica econômica estatal. Converteu a Venezuela de nação dependente do petróleo, mas com renda concentrada nas mãos de pouquíssimos (com 95% da população na margem de pobreza e só 2% nas classes A e B), em um país social, voltado para a distribuição mais equilibrada do proveito de seus recursos, interessado em fortalecer os níveis de parcerias regionais e globais, diminuindo, paulatinamente, a dependência dos EUA.

Na contramão, a oposição aplicou um golpe de Estado em 2002, depondo Chávez da presidência (e prendendo-o), fechando o congresso e revogando a nova constituição. Tal conspiração resultou frustrada pela reação popular nas quarenta e oito horas seguintes, apoiada por setores das forças armadas.

Acirrada a crise, os bolivarianos reforçaram, doravante, a integração com os movimentos populares, aceleraram o processo de renovação das forças armadas e apostaram no incremento do potencial geopolítico venezuelano. Buscaram novas parcerias comerciais, enquanto a oposição passou a tentar, de qualquer modo, evitar a consolidação do "socialismo do século XXI", a esta altura com o apoio aberto dos EUA.

Inicialmente, a tentativa de desestabilizar o governo foi através da mídia e do financiamento privado de manifestações contrárias ao chavismo. Eventualmente, com a não renovação de concessões de mídia, devida ao menoscabo ético na divulgação de informações, prisão de personagens usurpadoras do equilíbrio institucional e derrotas eleitorais sucessivas, as ações da oposição começaram se dar via sabotagens, com participação armada de sicários, a partir da fronteira colombiana.

A oposição venceu eleições parlamentares, mas um novo processo constituinte soberano foi aprovado pelo povo. Eleições gerais renovaram o executivo nos diversos níveis de governança e, embora com participação ativa de segmentos da oposição nos pleitos eleitorais (apenas alguns setores oposicionistas optaram por não participar de todos os processos), nem a oposição em seu conjunto nem a assembleia nacional sob sua influência reconheceram os resultados, especialmente o de 2018, em que Nicolás Maduro foi reeleito.

Em 2017, Donald Trump assumiu o governo dos EUA e passou a comandar o bloqueio econômico contra a Venezuela. Primeiro, interviu nas operações mercantis; eventualmente, congelou os bens da petroleira e subsidiárias venezuelanas nos EUA; por fim, após o presidente da assembleia nacional, Juan Guaidó, não reconhecer o mandato de Maduro e autoproclamar-se presidente do país, os EUA iniciaram movimentação para direcionar os recursos venezuelanos congelados para a oposição.

Com Guaidó começaram as chantagens abertas, com promessas de um novo modelo de governo, anistia às deserções militares e apoio à população via ajuda humanitária. Este foi um suposto socorro que Maduro acertadamente não deixou se viabilizar, por entender que poderia ser uma forma de envio de armas ao país. Coisa que os EUA já provaram saber fazer, pois agiram exatamente assim quando alimentaram os contras da Nicarágua na década de oitenta, inclusive usando o mesmo homem que se encontra, hoje, à frente da "ajuda" à Venezuela, Elliott Abrams.

Após o fracasso do "Cavalo de Tróia humanitário", há quem defenda que o Brasil deva interceder diplomaticamente no drama venezuelano, auxiliando na busca de uma saída conciliatória para as partes envolvidas. Mas o fato é que o Brasil, por haver precipitadamente reconhecido o autoproclamado governo de Guaidó e, ato contínuo, apoiado suas ações insidiosas, já se descredenciou como agente isento para eventuais negociações. Se quiser ser recebido como mediador, ator capaz de interceder por bons ofícios, precisa mudar a postura política que vem adotando. A iniciar pelo afastamento do Ministro das Relações Exteriores da condução dos interesses internacionais brasileiros. A propósito, qual o valor de um chanceler que não inspira confiança?

(Fevereiro de 2019)

ILONA SZABÓ, MBL E "DESCONVITE"

A Ilona Szabó não é do PT. Nem sei se um dia foi de esquerda. Até onde acompanhei, ela integrava o grupo "Agora!", do Luciano Huck (da Rede Globo), que se propunha a "renovar" a política do Brasil. Se fosse do PT, não creio que tivesse sido convidada pelo Ministro Sérgio Moro para compor o Conselho Nacional de Política Criminal e Penitenciária (CNPCP).

Cores partidárias à parte, no campo de estudo sobre a segurança pública ela possui méritos. Fundadora de uma importante ONG no setor (Instituto Igarapé), tem adotado, enquanto ativista, posturas progressistas, como a defesa do desarmamento, a descriminalização das drogas e a proposição de uma segurança pública mais humana, menos militarizada. É, indiscutivelmente, reconhecida como importante cabeça pensante na área.

Quando respondi interinamente pela antiga Secretaria Especial de Políticas sobre Drogas do Ceará (entre dezembro de 2016 e abril de 2017) cheguei a sondá-la para vir palestrar no estado, em eventual grande congresso que imaginávamos realizar para inaugurar um novo momento de reflexão sobre esses temas polêmicos tão presentes no cotidiano. Mas a ideia que acabou não vingando porque saí do comando da pasta. O importante sobre o fato é que, enquanto refletíamos na SPD sobre a natureza do congresso, jamais perdemos um segundo para questionar se a Ilona Szabó era do PT, do PSDB, do PSOL, do NOVO, seja lá de que partido. O fundamental é que era alguém que acrescentaria algo ao debate.

Nessa mesma esteira, certamente ela teria uma boa contribuição a dar ao CNPCP. Com seu "desconvite" para integrar o conselho (mesmo que na simples condição de suplente), perde o colegiado e perdemos todos enquanto sociedade. Por outro lado, ela e vários outros do campo ideológico em que transita comprovam que o governo que aí está não tem compromisso nenhum com a democracia. Acertou Ilona Szabó quando disse ao portal Brasil 247 que o veto, motivado por manifestações de ajuntamentos como o MBL, espelhava visão de "*grupos que precisam de inimigos, e por isso não estão comprometidos com o debate democrático*". Tanto não estão que não compreendem que a pluralidade de pensamentos em um conselho sobre políticas públicas é um fator imprescindível para que o coletivo atinja os fins a que se destina, como articulador social integrado ao Estado.

Mais uma vez, usando as palavras da própria Ilona, "*ficou muito claro que o presidente Bolsonaro ainda não se elevou à altura do cargo que ocupa*". Pior, sucumbiu ao moralismo irracional, decadente e excessivamente sectário de movimentos extremistas. Se tivesse alguma dignidade, o ministro Sérgio Moro não pensaria duas vezes em entregar imediatamente o cargo. No dia em que um Ministro de Estado da Justiça é vetado na indicação de um suplente de conselho, após já havê-la anunciado publicamente, algo grave aconteceu. É porque o bonde, se não saiu dos trilhos, está muito próximo de sair.

(Março de 2019)

PRISÃO DE TEMER

A prisão preventiva do ex-presidente da República, o golpista Michel Temer, determinada pelo Juiz Marcelo Bretas, da força-tarefa carioca da operação Lava Jato, expõe situações bastante sintomáticas e preocupantes.

Primeiro, que a direita brasileira se deu mal, muito mal, com o golpe institucional de 2016. No rastro insano da Lava Jato, articulada para prender o ex-presidente Lula da Silva (que, ao final, foi condenado e encarcerado sem provas efetivas), os desdobramentos da operação revelaram que era no campo da direita que malas com milhões em dinheiro apareciam misteriosamente em apartamentos sem proprietários; áudios com ameaças de execução de colaboradores, supostamente delatores, eram descobertos; desvios de dinheiro público tinham destino certo para contas identificadas; contas não declaradas, com somas vultosas, apareciam no exterior. O próprio ex-presidente usurpador, Michel Temer, ao final de seus dois anos de mandato tampão já estava com várias denúncias criminais apresentadas no Supremo Tribunal Federal pelo Ministério Público Federal.

A direita brasileira, portanto, restou exposta por seus próprios esquemas criminosos. E "o ponto fora da curva" para derrotar a candidatura presidencial do PT, de grande competividade, porque tinha no popular e injustamente perseguido ex-presidente Lula da Silva seu maior fiador, foi Jair Bolsonaro. Este é, se não o mais perigoso, um dos mais manifestamente sórdidos artífices de todo bloco conservador nacional, cuja eleição não teria se consumado caso um amplo esquema de divulgação de pós-verdades e *fake news* não tivesse sido deflagrado. Sem falarmos nas ausências injustificadas em debates eleitorais e na heterodoxia de seu arco de apoio, que variava de militares linha-dura a fundamentalistas religiosos e liberais extremistas.

Com isso, quem se deu mais mal que a direita fomos nós mesmos, brasileiras e brasileiros, que ficamos com a economia destruída, a subserviência aos EUA sacramentada e, para piorar, com Jair Bolsonaro e seu enorme plantel militar no poder. Em resumo, 1964 vem, paulatinamente, se repetindo, de golpe civil-militar para golpe militar. Todos sabiam que tirar a ex-presidenta Dilma Rousseff, por uma invenção fictícia de crime de responsabilidade, seria pôr em seu lugar uma figura controversa contra a qual recaíam inúmeras suspeitas. Todos tinham conhecimento de que essa interrupção institucional implicaria diretamente na inversão das agendas política e social eleitas em 2014. Mais grave ainda, todos tinham consciência de que a desestabilização motivada em seu pano de fundo por um novo tipo de estado de exceção, operado via decisões judiciais manifestamente arbitrárias, seria um risco para a própria democracia do país.

A prisão do ex-presidente usurpador Michel Temer pessoalmente não me descontenta (embora ainda não tenha realizado um juízo jurídico preciso sobre o tema, porque, ao que consta, os fatos motivadores do juiz Marcelo Bretas não são os mesmos dos alegados em dezembro passado pela procuradora-geral da República, Raquel Dodge). Mas não consigo me despreocupar com o futuro do Brasil sabendo que, do mesmo jeito que Jair Bolsonaro foi um "ponto fora da curva" para a direita, potencialmente mais sujo que todos os demais já desmascarados até o momento, já, já não seja sacado da presidência pelos militares que ora o ladeiam no Palácio do Planalto. A propósito, esta mesma prisão preventiva do golpista Michel Temer, no que pesem todas as acusações a que responde, acompanhadas de consistentes suspeitas, pode ser arbitrária. Por mais polêmica que possa ser a assertiva, a Lava Jato, do modo como foi desenhada e operacionalizada, desgraçou o Brasil.

(Março de 2019)

VIOLÊNCIA CONTRA A SOCIEDADE BRASILEIRA

No último dia 11 de abril de 2019, o presidente da República anunciou série de medidas alusivas aos seus primeiros cem dias de governo. A sucessão de hipocrisias e descalabros, que vão desde uma falsa humildade na substituição do uso dos pronomes de tratamento Vossa Excelência e Doutor por Senhor em documentos oficiais do Planalto, em nome de uma suposta aproximação do governo com a sociedade, quando se sabe que mais produtivo seria se gastos com os cartões corporativos do executivo não aumentassem como vêm aumentando, até o anúncio de uma política sobre drogas indubitavelmente ultrapassada e retrógrada para o país, são, por si só, temas para inúmeros textos. A presente reflexão, no entanto, tende a focar em apenas uma das medidas, a qual constitui uma das maiores violências institucionais cometidas, desde o fim da ditadura, contra a participação direta da sociedade na formulação, elaboração e fiscalização de cumprimentos das políticas públicas do país, estipuladas pelo Decreto n. 9.759, de 11 de abril de 2019.

No documento em que se dá vazão a esta violência, numa só canetada executiva, extinguem-se conselhos, comitês e comissões de âmbito federal com presença significativa da sociedade civil em sua estrutura. Citem-se apenas alguns deles que podem vir a ser afetados: Conselho Nacional de Desenvolvimento Rural Sustentável (CONDRAF); Conselho Nacional dos Direitos da Pessoa com Deficiência (CONADE); Conselho da Autoridade Central Administrativa Federal contra o Sequestro Internacional de Crianças; Conselho Nacional de Combate à Discriminação e Promoção dos Direitos de LGBT (CNCD/LGBT); Conselho Superior do Cinema (CSC); Conselho Nacional dos Direitos do Idoso (CNDI); Conselho da Transparência Pública e Combate à Corrupção (CTPCC); Conselho das Cidades (CONCIDADES); Conselho Nacional de Combate à Pirataria e Delitos contra a Propriedade Intelectual (CNCP); Conselho Nacional de Proteção e Defesa Civil (CONPDEC); Conselho Nacional de Políticas sobre Drogas (CNPD); Conselho de Recursos da Previdência Social (CRPS); Conselho Nacional de Segurança Pública (CONASP); Conselho de Relações do Trabalho (CRT); Conselho de Representantes dos Brasileiros no Exterior (CRBE); Conselho Nacional de Integração de Políticas de Transporte (CONIT); Comissão Nacional de População e Desenvolvimento (CNPD); Comissão Nacional de Erradicação do Trabalho Infantil (CONAETI); Comissão Nacional da Biodiversidade (CONABIO); Comissão Nacional de Alfabetização e Educação de Jovens e Adultos (CNAEJA); Comissão Nacional de Florestas (CONAFLOR); Comissão Nacional para Erradicação do Trabalho Escravo (CONATRAE); Comissão Nacional de Desenvolvimento Sustentável dos Povos e Comunidades Tradicionais (CNPCT); Comissão Técnica Nacional de Diversidade para Assuntos Relacionados à Educação dos Afro-Brasileiros (CADARA); Comissão Nacional de Política Indigenista (CNPI); Comissão Nacional de Educação Escolar Indígena (CNEEI); Comissão Nacional de Agroecologia e Produção Orgânica (CNAPO); Comissão Nacional dos Trabalhadores Rurais Empregados (CONATRE); Comitê Nacional de Educação em Direitos Humanos (CNEDH); Comitê Intersetorial de Acompanhamento e Monitoramento da Política Nacional para a População em Situação de Rua.

Entre os anos de 2011 e 2012, fui Coordenador Especial de Políticas Públicas dos Direitos Humanos do Governo do Ceará e tive a oportunidade de participar de algumas reuniões da Comissão Nacional para Erradicação do Trabalho Escravo (CONATRAE), agora, em tese, extinta. Foi uma das mais notáveis experiências da minha vida a integração em colegiado tão altivo, corajoso e proativo em prol da eliminação do trabalho escravo no Brasil. Daquela extraordinária experiência geramos, aqui no Estado, a Comissão Estadual para Erradicação do Trabalho Escravo no Ceará (COETRAE/CE). Como Coordenador Especial de Direitos Humanos também participei ativamente da instituição do Conselho Estadual de Políticas para Pessoas em Situação de Rua (CEPOP), o qual eventualmente integrei, não mais como Coordenador Especial de Direitos Humanos, mas como Secretário Adjunto de Políticas sobre Drogas, entre os anos de 2015 e 2017. Nesta condição, também conduzi inúmeras mesas no Conselho Interinstitucional de Políticas sobre Drogas do Ceará (CIPOD). Além desses coletivos, prestigiei reuniões no Conselho Estadual de Saúde (CESAU), do Conselho Penitenciário do Ceará (COPEN) e do Conselho Estadual de Segurança Pública (CONSESP), dentre outros. Em nenhum dos colegiados, nacionais ou estaduais, a participação dos membros era remunerada. Apesar disso, eram os melhores palcos de interface entre o poder público e a sociedade civil. Os debates, não raramente acalorados, refletiam desejo da sociedade civil, há anos represado, pela ação estatal no cumprimento de seus deveres constitucionais fundamentais. Por outro lado, apesar de opiniões contraditórias, as discussões dificilmente não se revertiam em proposições e encaminhamentos aprovados por unanimidade, revelando que é através do debate entre os opostos que se chega ao melhor da democracia.

Assim, com a extinção de conselhos como os supracitados (protestos e acionamentos judiciais à parte), só há a lamentar o desinteresse presidencial na participação da sociedade na elaboração e monitoramento das políticas que, ao final, lhe dirão respeito diretamente. Para não falar do desrespeito com as gestões anteriores (não apenas do PT) que, passo a passo, foram moldando uma forma coletiva, mais transparente e democrática de fazer política no Estado brasileiro. Pior ainda quando a drástica medida se dá de supetão, da noite para o dia, em canetada à moda imperial, para variar, sem escuta da sociedade civil. A propósito, para quem fez de bandeiras eleitorais o "fim da corrupção" e a "valorização de pessoas com deficiência" (neste último caso apelando para o fato da esposa falar em Libras), a extinção de colegiados como o Conselho da Transparência Pública e Combate à Corrupção (CTPCC) e do Conselho Nacional dos Direitos da Pessoa com Deficiência (CONADE) caminham na contramão explícita do que foi prometido ao povo brasileiro. Cem dias de governo, portanto, foram suficientes para o atual presidente demonstrar que já esqueceu os juramentos que fez no ano passado. Pior que isso: passa por cima deles de forma violenta e irresponsável para com o povo brasileiro.

(Abril de 2019)

STF NO CADAFALSO

Sócrates afirmava que, segundo o prisma ético, era melhor ser acometido por uma injustiça do que cometê-la, porque quem comete a injustiça é um criminoso, quem a sofre não é. A assertiva, por mais consciencìosa que seja, não resolve a fundo os problemas jurídicos, embora tenha a virtude de reconhecer que o direito é incapaz de suplantar a falibilidade humana.

Essa suscetibilidade do ser humano, que para Kant era uma obsessão e para Kelsen o ponto fora da curva a ser evitado por sua Teoria Pura do Direito, não resultaria em garantia alguma de justiça, mesmo que um imperativo categórico ou uma teoria normativa perfeita estabelecessem um padrão cognitivo seguro de julgamento que tolhesse o erro humano. Afinal, o erro bem pode não decorrer necessariamente de um deslize ingênuo de interpretação. Ao contrário, pode advir de má-fé explícita da parte de quem julga. No Brasil dos anos recentes, há juízes que decidiram virar *hooligans* ingleses sedentos para comemorar a vitória de seus times.

É precisamente esta a situação do processo do ex-presidente Luiz Inácio Lula da Silva. Vê-se estupidamente posto um caso concreto, acerca do qual nada há mais a se fazer para demonstrar que o rito que o levou à condenação está repleto de irregulares, desde antes da instauração do próprio processo incriminatório. Lula é uma vítima inocente, anos a fio demonizada pela imprensa tradicional (fundadora das *fake news* no Brasil), cuja prisão já estava decretada antes mesmo de se tornar réu. Na esteira, fadado também estava o percurso processual meteórico no tribunal de segunda instância, para que dali lhe fossem retiradas as bases para uma eventual candidatura à presidência da República em 2018.

No STJ, o processo vai, o processo vem, até que mesmo diante de uma bomba estourada no país demonstrando um conluio espúrio, vexatório, promíscuo, entre judiciário e ministério público, atentatório a qualquer regra mínima de respeito processual em um Estado que se define como de Direito, a matéria é levada ao STF. Onde, aliás, não há mais razões lógicas para que o ex-presidente Lula da Silva, claramente um preso político, não seja beneficiado, pelo menos, com os princípios mais elementares da proteção humana, o *in dubio pro reo* e a presunção de inocência. Afinal, não há pena mais cruel no Brasil que a privação da liberdade, a qual não se pode manter diante de dúvidas tão cabais sobre ilicitudes e arbitrariedades de atos estatais, mormente quando comprovadamente combalidas as garantias do juízo imparcial e da justa defesa.

O problema é que não é o ex-presidente Lula da Silva que está preso: são os que o condenaram que estão nas beiradas do lixo da história. A Corte Suprema, no alto do cadafalso em que se encontra, enquanto titubeia em decidir sobre a medida que deve libertar o ex-presidente, reflete sobre se degola a si ou se responsabiliza os menestréis de toda esse desandar jurídico-político. A pergunta que resta é até quando as instituições brasileiras de justiça se submeterão ao vexame nacional e internacional de se atarem às rédeas da política. Essa talvez seja a grande dúvida que a nação possui nesse dramático momento.

Curioso haver sido justamente um comediante norte-americano injustiçado, Lenny Bruce, nos idos dos anos 60, quem percebeu que nos Átrios de Justiça dos Estados Unidos a justiça só existia nos átrios. Não é de admirar que os apaixonados pelo direito estadunidense no Brasil também estabeleçam um apartheid judicial entre os que merecem a liberdade e os que merecem a prisão, ainda que ambas sejam definidas injustamente.

(Junho de 2019)

LAVA JATO: SOBRINHA DO TIO SAM?

A revelações exibidas pelo *The Intercept Brasil* já abriram capítulo especial na história nacional. Tanto pela gravidade das informações que vêm trazendo à lume, como pela hesitação dos implicados em confrontá-las: ora contestando a existência de diálogos, ora denunciando distorções em textos, ora negando participação na trama, mas em todas as situações veementemente atacando o veículo informativo. Ao ponto de se socorrerem de um suposto esdrúxulo expediente de intimidação sobre as operações financeiras do jornal e dos jornalistas responsáveis, via articulação do COAF e da PF, esta última subordinada ao Ministro da Justiça, personagem mais que comprometido nos diálogos, em reação extrema de censura à atividade de imprensa jamais vista desde a retomada do processo democrático brasileiro nos anos 1980.

À medida em que o tempo passa, porém, a sociedade mais se convence da veracidade dos diálogos divulgados. Por um lado, pela insistência dos envolvidos em não facilitarem o trabalho das perícias, entregando-lhes os celulares com os áudios questionados ou permitindo-lhes acesso às contas da rede social Telegram (em que se deram as conversas). Por outro lado, pela inferência objetiva de que uma simples confrontação dos diálogos revelados pelo *The Intercept Brasil* com os pormenores processuais da Lava Jato casa perfeitamente com o curso e o desfecho dos processos, de modo que indubitavelmente se fortalece a presunção de que as tramoias trazidas à baila são verdadeiras, não o contrário.

As narrativas expostas no jornal do vencedor do Prêmio Pulitzer, Glenn Greenwald, expõem um conluio umbilicalmente consolidado entre o juiz Sérgio Moro e o procurador Deltan Dallagnol. Revelam um consórcio pernicioso atentatório a um verdadeiro Estado democrático de Direito, na forma de condenável promiscuidade entre Judiciário e Ministério Público.

Porém, sem reduzir a importância de nenhuma publicidade até então trazida ao conhecimento, sobretudo a injusta e indubitavelmente imoral prisão do ex-presidente Lula da Silva, é de chamar atenção a última revelação exposta, que faz alusão a uma possível trama interessada em vazar informações processuais supostamente para a oposição venezuelana, com vistas a buscar desestabilizar o governo do presidente Nicolás Maduro.

Havendo veracidade na informação (e tudo leva a crer que há, porque os principais envolvidos nas denúncias arranjam mil e um motivos para não colaborar com a elucidação definitiva das assertivas), duas conclusões podem ser imediatamente abstraídas: a primeira, é que a operação Lava Jato sempre teve total consciência sobre seu poder de servir como mecanismo de desestabilização política de uma nação. Portanto, é indefensável o argumento de que era uma operação judicial normal, que visava apenas acabar com um episódio isolado de corrupção. O intuito da operação no Brasil sempre foi retirar o Partido dos Trabalhadores do poder nem que, para isso, fosse necessário sabotar o Direito e a estabilidade política do país, arruinar a economia nacional e abrir caminho para a entrega do governo às forças mais reacionárias existentes. A segunda conclusão é que a operação Lava Jato buscou agir em consórcio com forças conservadoras, não só nacionais, mas também internacionais, no exterior. Sabe-se, por ora, que na Venezuela a iniciativa foi cogitada, porém provavelmente frustrada em seu objetivo principal. No que toca ao Peru, porém, o próprio atual Ministro da Justiça brasileiro, outrora juiz todo-poderoso da operação (juiz-investigador-acusador), por ocasião da recente final da Copa América entre as seleções brasileira e peruana, gabou-se em rede social de a operação haver logrado êxito. Ou seja, também na nação andina a operação Lava Jato estendeu seus tentáculos, prometendo evitar uma suposta sangria de cofres públicos, megaoperação transcontinental que precisa ser investigada com rigor, porque não só Brasil, Peru e Venezuela, mas também Argentina, Bolívia, Chile, Equador e Paraguai, e até mesmo Colômbia e Uruguai, como se sabe, vivem dias de insegurança institucional. Sofrem a presença de um judiciário cada vez mais ostensivo no papel de criminalizador da política e de suposto guardião moral das sociedades. Não nos espantaria se isso derivasse da presença física da Lava Jato ou de suas ramificações e repercussões naqueles países.

Independentemente disso, um fato concreto é que a notícia de uma tentativa da operação curitibana de auxiliar num possível desmonte venezuelano traz à tona debate mais antigo, pouco levado a sério (embora inúmeras vezes suscitado pela imprensa não tradicional), sobre as constantes idas e vindas dos protagonistas da operação Lava Jato aos Estados Unidos, para infindáveis cursos e reuniões no Departamento de Estado norte-americano. Após a recente denúncia daVenezuela, faz todo sentido não apenas ter suspeitas, mas correlacionar a ligação das autoridades de justiça do Brasil com as homólogas no país do Norte a algo bem maior que rotineiras cooperações judiciais. Ao contrário, trata-se de algo possivelmente programado e tencionado para fins previamente determinados, como, por exemplo, servir ao governo dos EUA dentro do Brasil, na América do Sul, com possibilidades de chegar a outros países da América Latina, Caribe, África e até Europa, como, por exemplo, Portugal, onde até um ex-premiê já foi preso em ação de questionável idoneidade.

A propósito, para os norte-americanos a Lava Jato brasileira já possui relevância. Por aqui, mais do que alijar o PT do poder, a operação abriu caminho para a venda de estatais e a exploração de recursos nacionais, até mesmo compartilhamento de base e tecnologia espacial estratégica, acolhendo de vez o imperialismo *yankee* como algo comum à rotina brasileira. A situação, se consumada em outras nações, dificilmente repercutiria de modo diferente. O que resta saber é se seria a Lava Jato, de fato, um instrumento geopolítico do Tio Sam, uma operação transnacional orquestrada, instruída e monitorada pelo Departamento de Estado dos EUA. Seria uma versão mais ampla, sutil e moderna da Operação Condor, com asas de maior envergadura? Para tristeza e desencanto geral, não há razão nenhuma para descartar-se, de antemão, qualquer hipótese especulativa, pois a história das nações trata de demonstrar que conspirações assim são factíveis e menos raras de acontecer que qualquer mente privilegiada possa mensurar.

Que venha o *The Intercept Brasil* com mais revelações.

(Julho de 2019)

INTERDIÇÃO, JÁ!

Jamais se viu pessoa tão inábil e desqualificada no comando do país como o atual presidente. Frequentemente faz chacota contra a população trans, mulheres, negros, também contra pobres e nordestinos. Trata a oposição abertamente como inimiga a ser eliminada. Atenta contra a imprensa, a quem considera conspiradora eterna. Nega o valor de instituições do Estado, não crendo ser necessário manter qualquer reverência por suas contribuições históricas ao Brasil.

Acha pouco: também comemora o nepotismo, naturaliza a apropriação do público pelo privado, celebra a patifaria na prática cotidiana da política, passa a mão na cabeça de acusado de integrar milícia, praticar corrupção. Sequer mostra indignação adequada com flagrante pela polícia estrangeira de quilos de cocaína traficados em avião de sua comitiva.

O presidente se indispõe com meio mundo, arriscando o futuro geopolítico do Brasil, apenas para contemplar servilmente o ego notadamente desatinado de Donald Trump. O presidente aceita retalhar em miúdos o fundamento humano do Estado brasileiro, sem qualquer noção do que esteja fazendo. Avilta conquistas históricas de trabalhadoras e trabalhadores, direitos sociais elementares consagrados ao povo (previdenciários, educacionais, médicos, habitacionais) só porque é o desejo do ministro da economia, peão do mercado financeiro. O presidente topa bancar projetos do ministro da justiça, sem qualquer noção do que isso signifique, sequer ponderando o fato de este ministro transitar hoje, para lá e para cá, como criatura desmoralizada, desacreditada, ampla e abertamente tida como mau caráter pela opinião culta dentro e fora do país. O ministro é responsável direto pelo estado de calamidade pública em que se tornou o Brasil, pela deterioração de um país que esteve à beira de virar potência e retrocedeu ao tamanho de um caroço de pitomba.

O presidente nem pensa duas vezes antes de conduzir alucinados iguais a ele ao primeiro escalão da República, inclusive a ministérios proeminentes, como o da educação e das relações exteriores, pela única razão de satisfazer o afã distópico de um fanfarrão ignorante nos Estados Unidos.

O presidente bajula indecorosamente pastores com ficha corrida, militares de qualquer farda e patente, minimiza a censura jornalística, a perseguição cultural, a intervenção nas universidades. Anda ladeado por tropa de choque de brutamontes transformados em políticos, apenas para bater palmas para si, permitindo que ignóbeis de seu círculo familiar se indisponham em seu próprio nome, o do Chefe de Estado do Brasil, em redes sociais e debates públicos, com pessoas simples, autoridades estrangeiras, autoridades nacionais, até mesmo com membros de seu próprio governo, gerando incertezas para a economia, a institucionalidade, os investidores nacionais e estrangeiros no país – evidentemente, para toda população.

Afinal de contas, o que é isso que está no comando da Presidência da República do Brasil? É um presidente ou um demente? Se for um demente, que seja interditado para tratamento. O país e seu povo não merecem minguar em colapso total apenas porque os sistemas jurídico e eleitoral brasileiros são caprichosos e aceitaram ser manipulados nas últimas eleições. É impossível haver qualquer nação no mundo que se sustente com quatro anos de mandato de um presidente como o do Brasil.

(Julho de 2019)

FORA BOLSONARO, DIRETAS JÁ!

Por todas as hipóteses jurídicas que se possa imaginar, a permanência de Jair Bolsonaro na presidência da República brasileira parece mostrar-se insustentável. Analisemos a questão de forma bem sucinta.

À parte inúmeras falas que poderiam indicar quebra de decoro, não seriam ilícitos com repercussão em responsabilidades suscetíveis de *impeachment*? Por exemplo, para citar apenas dois episódios, o fato de avião da comitiva presidencial (ainda que um avião reserva) haver sido flagrado pela polícia de país estrangeiro transportando 39 kg de cocaína ou a utilização de aeronave da FAB, pilotada supostamente por oficiais da aeronáutica, transportando parentes (sobrinhos e tios) para casamento de filho?

Por sua vez, não poderiam ser enquadrados como hipóteses de crimes comuns suscetíveis de penas, com derivação de suspensão de direitos políticos, portanto de eventual afastamento da presidência, a determinação do presidente repassada ao ministro da Casa Civil para tratar os estados do Nordeste de maneira diferenciada, a pior, certamente pelo fato de não haver sido votado como gostaria na região? Não são também, teoricamente, crimes comuns de imensa gravidade as constantes apologias ao ódio de gênero? Ou, por último, a incitação ao ódio à memória do militante Fernando Santa Cruz, executado por agentes do Estado durante a ditadura (versão oficial), neste caso valendo também a ocultação das circunstâncias da morte, que, segundo o presidente comentou publicamente, ele conhece?

Numa terceira via, não caberia uma anulação das eleições passadas com eventual chamamento de novo pleito pelas fraudes já denunciadas? Me refiro à utilização de bancos de dados de redes sociais para disseminação de *fake news* financiada por grandes empresários (o que seria, inclusive, caixa 2); às recentes revelações, obtidas em diálogos revelados pelo *The Intercept Brasil*, de que o ministro da Justiça, então juiz titular da Lava Jato, já sondado para o futuro ministério, manipulara o processo eleitoral, vazando delação de Antonio Palocci (repelida pelo Ministério Público e considerada frágil pelo próprio juiz), com intenção deliberada de alterar o curso das eleições, com prejuízo direto aos candidatos à presidência, Fernando Haddad, e ao senado de Minas Gerais, Dilma Rousseff?

Por último, não estaria configurada a condição de pertinência de uma prudente interdição judicial do Chefe do Executivo, por solicitação do Ministério Público, com subsequente afastamento do governo, por sofrimento de algum possível transtorno incapacitante do uso adequado de suas faculdades mentais? As dúvidas quanto à sua sanidade podem ser levantadas em manifestações inusitadas. Por exemplo, em sua obsessão pelo tema do falo masculino; em sua insistência em concluir que há maquinação de instituições do próprio Estado contra seu governo (FIOCRUZ, IBGE, INPE, ANCINE, etc.); em sua admiração aparentemente incondicional pelo presidente dos Estados Unidos, ou em suas declarações manifestamente insensatas, como a afirmação de que seria mentira alguém sustentar que se passa fome no Brasil.

É lamentável que o país precise passar por outra ruptura institucional, mas o fato é que todas os questionamentos correlacionados neste texto são reais e de ampla ciência pública. Quaisquer das medidas impedientes ao cargo de presidente da República são teoricamente legítimas e possíveis. As situações citadas ocorreram durante os pouco mais de seis meses do atual mandato ou durante as últimas eleições, o que naturalmente estende repercussões legais ao tempo presente.

Cabe ao povo brasileiro, com especial ênfase aos poderes constituídos, decidir o que fazer. Na minha opinião, devem ser convocadas novas eleições.

(Julho de 2019)

CASA DE LOUCOS

Sem rodeios e meias-palavras, o Brasil está sendo governado por um amontoado de desqualificados, mal-educados, ignorantes. A situação é sofrível em quase todo alto escalão da República, a começar do presidente. O governo está tomado por pessoas ineptas, inconsequentes, sofríveis mentalmente, incapazes de lidar de forma madura com a democracia, de conduzir o país ao convívio harmônico na comunidade internacional.

É uma panaceia digna dos piores adjetivos. Mais do que vergonhosa, escatológica. Uma casa de loucos! Num dia, o presidente acusa de feia a primeira-dama da França; no outro, ataca a memória do pai da ex-presidenta do Chile (Alta Comissária para os Direitos Humanos da ONU), barbaramente executado por uma das ditaduras mais sanguinárias da América Latina. Na sequência, o chanceler nacional assombra a todos com a pérola infantil e falaciosa de que o mundo inveja o Brasil pela aproximação do presidente com o homólogo dos Estados Unidos, que se reporta ao herdeiro do brasileiro pelo primeiro nome. Finalmente, achando pouco, o ministro da economia, não bastasse já haver dito dias antes que o país nunca precisou da Argentina para crescer, retomou o assunto da primeira-dama francesa reiterando sua suposta feiura (que não é verdade, mas se fosse ninguém teria nada a ver com isso) para uma plateia eufórica, alucinada e machista de trogloditas da mesma laia.

Não há quem aguente. Tudo isso em meio a queimadas na Amazônia, corte em bolsas de pesquisa, retirada de direitos sociais, entrega de soberania nacional, promessas de venda de estatais, intervenção no ministério público, insinuações de possíveis repressões com tiros no 7 de Setembro, *golden shower*, fixação anal, milícia, episódio de cocaína viajando em avião de comitiva presidencial, ministros acuados por denúncias das mais diversas... O país, por sua vez, imerso numa crise de valores políticos sem precedentes, em vias de atolar-se numa recessão econômica, de ser permanentemente desmontado, arriscando sofrer reveses internacionais devido ao manejo de uma estratégia camicase formulada pela insanidade bestial que se apoderou do Planalto.

O que esses aventureiros pensam que estão fazendo? Por que naturalizar a descortesia e a violência verbal contra tudo e contra todos, dentro e fora do Brasil? Que tentação é essa para o exercício da burrice? Se quiserem jogar o próprio futuro fora, joguem, mas não arruínem o futuro dos outros que terão filhos condenados a viver numa nação de párias, estigmatizada no planeta pela pequenez política, a mediocridade, a insignificância.

Basta, o Brasil não é o Pinel!

(Setembro de 2019)

BOLSONARO PROVOCOU PERPLEXIDADE E VERGONHA NA ONU

O discurso de abertura da sessão anual da Assembleia Geral da ONU pelo presidente do Brasil, na última terça-feira, causou vergonha e perplexidade generalizadas aos integrantes da IV edição do Curso de Políticas Públicas em Direitos Humanos da Comissão Interamericana de Direitos Humanos da OEA. A sala era integrada por alunos oriundos de 35 países, sobretudo da América Latina, inclusive de países governados pela direita política, como Argentina, Chile, Paraguai e Colômbia. A perplexidade foi consequência do tom descompromissado com que o dirigente brasileiro comentou sobre temas importantes para a humanidade, como por exemplo o meio ambiente, a tolerância democrática e a independência política. A vergonha veio da percepção do nível de aliados políticos a que seus representantes estão conciliados internacionalmente.

Mais do que mostrar-se cínico, deliberadamente mentindo sobre danos reais que sua atuação desastrosa vem notoriamente causando ao Brasil, o presidente apresentou-se desinformado, embrutecido, entorpecido intelectualmente sobre questões banais de compreensão filosófica, história política, globalização e pluralismo. Até mesmo sua falta de etiqueta, o caricatural apelo conservador e o desconforto por ocupar espaço de destaque na plenária causaram espanto.

Como brasileiro integrante do curso em Washington, me senti pessoalmente confortado constatando que o constrangimento causado pelo governante não era apenas meu, que pessoas que imaginei o apoiassem temiam pelo próprio futuro ao especular sobre a eventual chegada do mesmo comportamento político a seus países. Saí com a certeza de que o presidente brasileiro viverá num casulo internacional maciço e intransponível e, como alguém que vive num espaço sufocante assim, perecerá no exaurimento do próprio ar.

(Setembro de 2019)

DEEM UMA CHANCE AO PRESIDENTE, INVESTIGUEM-NO!

O que mais o presidente do Brasil precisa fazer para conseguir ser investigado no caso das execuções da vereadora Marielle Franco e do motorista Anderson Gomes? Por que motivo as autoridades competentes insistem em não o honrar com a investigação?

O presidente sempre foi opositor radical das ações políticas da vereadora, reiteradamente destilando ódio aberto contra suas bandeiras. Nem ele nem os filhos políticos dele jamais negaram aversão por ela. Líder negra, feminista, LGBTQI, defensora dos direitos humanos, Marielle tinha uma postura diametralmente oposta à afinidade que eles construíram com figuras acusadas de participação em milícias do Rio de Janeiro, para as quais sempre direcionaram comendas, ovações públicas, lotações em gabinetes funcionais, dentre reiteradas provas de amizade.

O presidente vive no mesmo condomínio de um dos principais suspeitos de assassinar a vereadora, havendo um de seus filhos supostamente namorado com a filha deste possível assassino.

Segundo divulgado em matérias que exploraram as circunstâncias do inquérito policial sobre o assassinato, o porteiro do condomínio em serviço no dia do crime afirmou, por duas vezes, que pouco antes da execução um dos suspeitos esteve no local solicitando entrada com destino à casa do presidente. Disse, ainda, que sua entrada foi autorizada pessoalmente pelo "Seu Jair". Ali, o primeiro suspeito teria se encontrado com o segundo suspeito, vizinho do presidente.

Na noite da repercussão do escândalo, um presidente visivelmente descompensado anunciou em vídeo que não iria renovar a concessão da principal emissora de televisão veiculadora da notícia. No meio-tempo, informou que destacaria o Ministro da Justiça para acionar a Polícia Federal, a fim de que interviesse na investigação.

Horas depois, outro filho do presidente, que é frequentemente apontado como porta-voz para assuntos controversos de redes sociais, apareceu com arquivo de registros de áudios do interfone da portaria na data da execução, demonstrando não haver registro de entrada do visitante suspeito de assassinato na casa do presidente. O sol nem se punha quando o Ministério Público do Rio de Janeiro, em celeridade ímpar, antecipou-se aos fatos e concedeu coletiva de imprensa pontuando, com base em perícia, que o porteiro havia mentido em seus depoimentos. O Ministro da Justiça, por sua vez, em conduta de questionáveis legalidade e moralidade, já peticionara ao Ministério Público Federal para que interviesse na operação investigativa, com o escopo de aferir se houve ilícito no depoimento do porteiro, naturalmente coagindo-o.

No dia posterior, notícias deram conta de que a perícia que embasou a coletiva de imprensa do Ministério Público estadual nos áudios do interfone, que contraditava os depoimentos do porteiro, foi realizada supersonicamente após a veiculação das denúncias jornalísticas. Àquela altura, já tinham vindo à tona relatos de que a promotora coordenadora do grupo ministerial teria sido fiel apoiadora da candidatura do presidente nas últimas eleições, além de ser uma crítica voraz de postulações da oposição. Era tal o envolvimento emocional da acusadora que ela seria compelida a acatar sugestão de afastamento do caso.

Por fim, questionado diretamente sobre as divergências das informações de entrada em seu condomínio no dia da execução, o presidente assumiu publicamente que recolheu os arquivos de áudio do interfone condominial antes de periciados pelas autoridades competentes para evitar que fossem adulterados. Ou seja, subtraiu do crivo da investigação prova cabal para aferição das circunstâncias do crime que, consequentemente, comprometia-o. Se todo este roteiro de elementos não servir para que o presidente seja submetido à investigação no âmbito das apurações dos assassinatos da vereadora Marielle Franco e do motorista Anderson Gomes, que fique claro que será uma grande injustiça com ele, que tanto tem feito para integrar o rol de investigados.

(Novembro de 2019)

VEXAME JUDICIÁRIO

O julgamento do processo do ex-presidente Lula da Silva pela 8ª Turma do Tribunal Regional Federal da 4ª Região, relacionado ao sítio de Atibaia, ontem, é mais uma página repugnante de uma arquitetura judicial que, há muito, já demonstrou não possuir qualquer pudor com os pressupostos mínimos do Estado de direito. Apenas pelo argumento do relator desembargador Gebran Neto, segundo o qual "não é de fundamental importância a propriedade formal do ex-presidente Lula e material do Fernando Bittar, ou material de Lula e formal de Bittar, o que me parece relevante é que o presidente Lula usou o imóvel", já se vê que inexiste certeza sobre a suposta relação do ex-presidente com o imóvel. O que dizer da acusação de favorecimento por obras e, pior ainda, de obras produto de ligações espúrias mantidas entre empreiteiras e Petrobrás?

Tudo balela! O que é fato sobejamente demonstrado pela imprensa é a aproximação histórica do desembargador Gebran com o ex-juiz Moro, atual ministro da justiça de um governo que, nem com todas as *fake news* do mundo, seria eleito se o ex-presidente Lula tivesse concorrido ao último pleito presidencial. A eleição deste governo nefasto apenas aconteceu porque esta mesma 8ª Turma do TRF/4 condenou Lula, com tramitação em tempo recorde, noutro processo esdrúxulo, o do triplex do Guarujá. A propósito, embora as ações sejam diferentes, um elemento atípico as une: o ato explícito de "copiar e colar" da juíza Gabriela Hardt na sentença do caso Atibaia sobre a sentença do então juiz Moro do caso triplex.

Suspeições e impropriedades decisórias à parte, exibição incontestável de malabarismo jurídico da 8ª Turma no julgamento de ontem, ao lado da absurda majoração da pena de prisão de 12 para 17 anos, consistiu na desconsideração de recente decisão do Supremo Tribunal Federal de que corréus delatados detêm direito de se pronunciar após manifestação de corréus delatores, garantia processual primária flagrantemente negada ao ex-presidente Lula. Menos mal que o ex-presidente poderá recorrer a instâncias superiores, sem a mácula de consideração como culpado até o esgotamento de todos os recursos.

Espera-se, avidamente, que colegiados superiores desfaçam o disparate realizado até aqui pelo consórcio judiciário sediado em Curitiba, ramificado pela jurisdição federal da 4ª Região. Pela maneira atabalhoada como a Operação Lava Jato vem se impondo, reiteradamente ignorando as mais comezinhas prerrogativas de defesa, poucos ainda creem verdadeiramente que o ex-presidente Lula não seja vítima de uma perseguição ardilosa de parte de quem já mostrou possuir outros interesses escondidos sob a cortina de fumaça do enfrentamento à corrupção. O tempo passa e os fatos vão comprovando que o ex-presidente jamais poderia ter sido constrangido a um segundo sequer de cárcere, porque todos os seus processos estão eivados de múltiplos, incontáveis vícios. São tão radicalmente nulos que devem ser anulados, um a um. A exorbitância desse vexame judiciário é tão descomunal que Lula solto não basta. Justiça só será realizada com Lula livre.

(Novembro de 2019)

"LULA E A ESPIRITUALIDADE" NO CEARÁ: MOBILIZAÇÃO INTENSA E EMOÇÃO

A passagem do Jornalista Mauro Lopes, do canal Paz e Bem, por Fortaleza neste sábado, para o lançamento do livro "Lula e a Espiritualidade", editado pelo Brasil 247 e a Kotter editorial, foi um evento digno do mais elevado registro.

Centenas de pessoas se aglomeraram num sábado à tarde, no auditório do histórico Seminário da Prainha, casa onde se formou um dos mais importantes baluartes dos direitos humanos do país, dom Hélder Câmara, para ouvir a palavra do jornalista que diariamente reflete em seu canal sobre os modos como cada pessoa deve aproveitar sua paz para impulsionar o bem coletivo.

A obra, escrita a várias mãos por teólogos, lideranças e autoridades espirituais de múltiplos credos e religiões (anglicanos, budistas, evangélicos, judeus, muçulmanos, umbandistas...), fala do amor supremo e sua relação, ou melhor, sua contradição com a injusta perseguição praticada contra o presidente Lula – ele, que prefacia o livro e cuja espiritualidade é analisada sob ângulos diversos na obra.

Em sua fala, Mauro Lopes sublinhou as lições abstraídas pelo presidente em seus penosos quinhentos e oitenta dias de cárcere. Mencionou a força que recebeu em suas orações diárias, a temperança que herdou dos instantes de meditação e o ímpeto que mantém para transformar o conhecimento acumulado em militância efetiva em favor do povo sofrido deste enorme país, a quem é grato por haver permanecido ao seu lado em Vigília permanente fora dos muros da carceragem em Curitiba, mobilizado-se nas ruas por sua libertação em incontáveis momentos ou mesmo na conversa íntima com Deus na privacidade de cada casa.

O auditório, lotado, exalava amor. Amor pelo presidente Lula, amor pelo organizador da obra, pela sensibilidade de haver realizado um trabalho com tamanha doçura, amor pela consciência tranquila de terem todos ali resistido do lado certo da história, combatendo o bom combate, com a certeza de que a luta é dura, mas a indignação e a valentia são maiores, e que, *mais dia menos dia, assim como anos atrás a esperança venceu o medo, dessa vez ela suplantará a mentira, edificando o bem para o Brasil e para o mundo.*

Faltaram livros para os presentes. Esgotaram-se trezentos e cinquenta exemplares em pouco mais de quinze minutos. Uma fila monumental de autógrafos se formou pacientemente por quase duas horas, até o último leitor receber seu caloroso abraço e colher sua valiosa dedicatória do festejado autor.

Aproximando o júbilo em torno do nascimento de Cristo, com a sempre expectativa de ser uma época para olhar-se a si para entender, sob a luz da mensagem divina, como é possível corrigir erros e melhorar em benefício alheio, não há como não sugerir que se ofereça a alguém a quem se preze a obra "Lula e a Espiritualidade", um libelo ímpar em homenagem à esperança, ao amor terreno e divino, ao prazer da amizade e à busca da fraternidade.

(Dezembro de 2019)

IMPEDIMENTO, JÁ!

Não é de hoje que o presidente Jair Bolsonaro vem atentando contra a Constituição em seus princípios fundamentais de proteção à dignidade da pessoa e, escancaradamente, contra o decoro exigido ao honroso cargo que ocupa no país. Seu comportamento sabidamente descontrolado, com traços indubitavelmente psicopáticos, tem trazido ao país um desconforto internacional, que não apenas o prejudica enquanto nação, mas a todos dana, na medida em que enlameia o cenário nacional, abrindo uma perspectiva de incertezas que só pode resultar em prejuízos econômicos gerais e individuais. O fato, porém, de não haver sido interditado mentalmente lá atrás lhe permitiu, por razões múltiplas que não merecem ser destacadas aqui, a galgar postos políticos de relevância e a chegar ao comando da nação. Essa fatídica consequência, por mais que possa não lhe parecer crível (afinal, ao que parece, o presidente se imagina onipotente), não lhe dá salvo-conduto para continuar agindo como se não tivesse responsabilidades com a República.

Ontem, num de seus constantes atritos com a imprensa, questionado sobre fundadas dúvidas acerca de supostas ligações espúrias envolvendo um de seus filhos com um conhecido chefe miliciano, o presidente reagiu com a seguinte frase ao jornalista: "Você tem uma cara de homossexual terrível, nem por isso eu te acuso de ser homossexual. Se bem que não é crime ser homossexual". Noutra oportunidade, retrucou: "Oh rapaz, pergunta para a tua mãe o comprovante que ela deu para o teu pai, tá certo?". A quem interessar, vídeos com tais falas têm sido amplamente divulgados na internet.

Pois bem, o que importa para o presente texto não é aferir se o presidente é ou não insano, age ou não como mau-caráter. O objetivo desta reflexão é analisar a reação do presidente Jair Bolsonaro à luz da legislação brasileira. O art. 3º da Constituição Federal expressa que constituem objetivos fundamentais da República Federativa do Brasil "IV - promover o bem de todos, sem preconceitos de origem, raça, sexo, cor, idade e quaisquer outras formas de discriminação". O art. 5º, por sua vez, diz no caput: "Todos são iguais perante a lei, sem distinção de qualquer natureza...". No afã de concretizar tais comandos constitucionais e criminalizar as citadas discriminações por motivos de afronta à dignidade das pessoas, o legislador aprovou, em 1989, a Lei n. 7.716, cujo art. 1º estabelecia taxativamente: "Serão punidos, na forma desta Lei, os crimes resultantes de discriminação ou preconceito de raça ou de cor". Mais adiante, tal dispositivo foi alterado pela Lei n. 9.459/9, para esclarecer que a imperatividade do comando deveria estender-se a discriminações por motivos de etnia, religião ou procedência nacional. A redação do art. 1º da Lei 7.716/89 passou a ser: "Serão punidos, na forma desta Lei, os crimes resultantes de discriminação ou preconceito de raça, cor, etnia, religião ou procedência nacional".

Injustificadamente, a homofobia e a transfobia não foram incluídas na alteração legal, contudo, diante de uma mora absolutamente injustificada, o Supremo Tribunal Federal do país reconheceu, em 13 de junho deste ano de 2019, em sede de Ação Direta de Inconstitucionalidade por Omissão (ADO) 26 e do Mandado de Injunção (MI) 4733, que a demora da atividade legislativa na criminalização de condutas homofóbicas e transfóbicas prejudicaria a atenção aos direitos fundamentais da comunidade LGBTQ. Com efeito, decidiu o STF que até que o Congresso Nacional promulgue lei específica sobre o tema, condutas homofóbicas e transfóbicas, reais ou supostas, devem se enquadrar nos crimes previstos para o racismo, isto é, segundo as disposições da Lei n. 7.716/89 (que, apenas a título de informe, prevê para a hipótese de discriminação pena de reclusão de dois a cinco anos) e, no caso de homicídio doloso, constituindo circunstância que o qualifique como torpe. Isso porque o racismo transcende a circunstâncias meramente biológicas e de fenótipos específicos, agredindo a dignidade de quem quer que integre grupo social considerado vulnerável. Ressalte-se que, para a Constituição, crimes da espécie são considerados inafiançáveis e imprescritíveis por interpretação comparada do racismo na inteligência do art. 5º, XLII, da Constituição: "a prática do racismo constitui crime inafiançável e imprescritível, sujeito à pena de reclusão, nos termos da lei".

Nesse sentido, entendendo-se que o presidente da República, no destempero das declarações proferidas ontem, agiu de maneira homofóbica e transfóbica, deve ser levado a responder pelas ações penais específicas. E não apenas isso. A Constituição, em seu art. 85, estabelece que "são crimes de responsabilidade os atos do Presidente da República que atentem contra a Constituição Federal e, especialmente, contra: (V) a probidade na administração". Já a Lei n. 1.079/50, que trata dos crimes de responsabilidade do Presidente da República e Ministros de Estado, estipula no art. 9 que "são crimes de responsabilidade contra a probidade na administração: 7- proceder de modo incompatível com a dignidade, a honra e o decoro do cargo". Portanto, em se considerando não haver agido o presidente de modo compatível com a dignidade do cargo que ocupa, ele também terá cometido crime de responsabilidade, o que resultaria a necessidade de abertura imediata de um processo *impeachment* na Câmara dos Deputados. Afinal, a Constituição também prevê, quando trata da responsabilidade do Presidente da República (Seção III, do Capítulo II, sobre O Poder Executivo): "Art. 86. Admitida a acusação contra o Presidente da República, por dois terços da Câmara dos Deputados, será ele submetido a julgamento perante o Supremo Tribunal Federal, nas infrações penais comuns, ou perante o Senado Federal, nos crimes de responsabilidade".

Espera-se, portanto, que a Câmara dos Deputados, consciente de sua responsabilidade cívica, não silencie diante dos graves fatos ocorridos ontem, pois, sem dúvida alguma, merecem apreciação e devido julgamento. Lembremo-nos que, a rigor, a Câmara sequer pode escusar-se de analisar tal episódio, afinal, também é norma imperativa, segundo o Código de Ética e Decoro Parlamentar da Câmara dos Deputados de 2002 (Resolução no 25, de 2001), a obrigatoriedade categórica de cumprimento do art. 3º, sobre os deveres fundamentais dos deputados, de: "II respeitar e cumprir a Constituição, as leis e as normas internas da Casa e do Congresso Nacional".

Por tudo isso, impedimento, já!

(Dezembro de 2019)

IMPEACHMENT AGORA OU NUNCA

Revoltante a declaração do presidente Jair Bolsonaro contra a repórter Patrícia Campos Mello, da Folha de S. Paulo, proferida na manhã de hoje, em frente ao Palácio da Alvorada, diante de um séquito de bajuladores que, sorridentes, talvez sem perceber ou percebendo, assentiram a mais uma gravíssima ofensa protagonizada pela mais alta autoridade do país.

De maneira absolutamente direta e consciente, o presidente outra vez rasgou a Constituição da República, afrontando a dignidade humana, não apenas de uma mulher, mas de todas as mulheres, além do respeito à atividade jornalística – não apenas de uma jornalista, mas de todos os jornalistas. Repetiu a fórmula recorrente de atacar de forma rasteira contra quem não o agrada, toda vez que se vê diante de embaraços difíceis de explicar. Como agora, quando se dá uma CPI sobre *Fake News* que possivelmente baterá à sua porta, ou como no calor das discussões sobre a polêmica execução do miliciano Adriano da Nóbrega, chefe do Escritório do Crime de Rio das Pedras, antigo conhecido de sua família.

Pela ação misógina de hoje o presidente cometeu indiscutível crime de responsabilidade, suscetível de *impeachment*, por "proceder de modo incompatível com a dignidade, a honra e o decoro do cargo", previsão do art. 9º, 7, da Lei 1.079/50. Resta saber se o Congresso Nacional, em especial deputadas e senadoras, deixarão por menos mais essa abominável manifestação de quem já deu inúmeras demonstrações de que não tem capacidade emocional, intelectual, e, sobretudo, postura moral adequada para dirigir uma nação grande e diversa como o Brasil.

(Fevereiro de 2020)

AUTOGOLPE NÃO, *IMPEACHMENT*!

Em 19 de março de 1964 saiu às ruas de São Paulo, sob motes patriótico e de enfrentamento à (suposta) desordem do governo João Goulart, a Marcha da Família com Deus pela Liberdade, movimento cujo desfecho resultou no golpe civil-militar no dia 1° de abril (para os militares, 31 de março). Golpe que, por sua vez, deu margem ao estabelecimento de uma ditadura profundamente cruel e desonesta no país, por mais de duas décadas.

Hoje, no apagar das luzes do carnaval de 2020, brasileiras e brasileiros são tomados de espanto pela notícia de que o Presidente da República estaria compartilhando, por sua conta de WhatsApp, convocatória de manifestações de apoio a si (subliminarmente, contra as instituições em geral, especialmente o Congresso Nacional e o Supremo Tribunal Federal). À mensagem, em que se registra "15 de março. General Heleno/Capitão Bolsonaro. O Brasil é nosso, não dos políticos de sempre", segue vídeo com imagens e narrativa melodramáticas, que finaliza com o chamado "Dia 15.3 vamos mostrar a força da família brasileira. Vamos mostrar que apoiamos Bolsonaro e rejeitamos os inimigos do Brasil. Somos sim capazes, e temos um presidente trabalhador, incansável, cristão, patriota, capaz, justo e incorruptível. Dia 15/03, todos nas ruas apoiando Bolsonaro". Em redes sociais circulam panfletos de convocação atentando mais explicitamente contra as instituições, assinados por "movimentos patriotas e conservadores". Na semana passada, o próprio General Heleno foi flagrado em áudio achincalhando o Congresso. Em suma, aventa-se algo similar ao que moveu aglomerações nas ruas em março de 1964: o interesse de setores reacionários da sociedade brasileira, autointitulados cristãos, defensores da família, patriotas e incorruptíveis, de surrupiar a democracia e sequestrar a já combalida ordem institucional.

Em 1964, o golpe contou com o apoio civil. Dirigentes da FIESP, por exemplo, ajudaram no custeio das mobilizações; a grande mídia (Folha, O Globo, etc.), na força-tarefa de divulgação; por fim, o parlamento, com legitimação do STF, em ato indubitavelmente irregular, declarou vago o cargo de Presidente da República, entregando o poder pró-forma ao presidente da Câmara, Ranieri Mazzilli (de fato, a uma junta militar). Dias depois foi empossado como Chefe de Estado o desleal Castello Branco.

Todos conhecem os resultados da ditadura: fechamento do Congresso, intervenções noutras instituições, cerceamento do direito de voto, censura, perseguições e violações sistemáticas a direitos humanos, precarização laboral, colapso econômico, corrupção sistêmica. A dúvida agora é saber se o poder econômico e a mídia turbinarão o autogolpe insuflado pelo Presidente e se o Congresso Nacional e o STF tolerarão esta afronta institucional. Caso se oponham, recomenda-se dar seguimento à medida pressuposta pelo art. 85, II, da Constituição, o *impeachment* presidencial:

"Art. 85. São crimes de responsabilidade os atos do Presidente da República que atentem contra a Constituição Federal e, especialmente, contra:

(...)

II – o livre exercício do Poder Legislativo, do Poder Judiciário, do Ministério Público e dos Poderes constitucionais das unidades da Federação".

(Fevereiro de 2020)

PRESIDENTE PETER PAN

Não há quem não reconheça que as atitudes do presidente Bolsonaro sempre foram esquisitas. Um homem idoso com raciocínio infantil, exibicionista, não raras vezes, inconsequente. Uns perceberam lá atrás que o ódio que nutria contra vários segmentos sociais era fruto de sua insegurança; outros parecem ter percebido agora.

Estranho ter que concordar com uma personagem exótica como a deputada Janaína Paschoal. Porém, ontem, da tribuna da Assembleia Legislativa de São Paulo, ela acertou quando disse que o presidente Jair Bolsonaro precisava ser contido no comando do governo, por não demonstrar capacidade adequada para gerenciar o país no atual cenário de pandemia de coronavírus. Só vacilou por não haver percebido, no tempo certo, que este presidente jamais possuiu equilíbrio para dirigir o Brasil (ou qualquer coisa) em circunstância alguma e, mais ainda, na iminência de sofrer as graves consequências da nova gripe, imerso numa crise econômica que paulatinamente já alavancava desde o início de seu governo e que, agora, se presume inevitável e catastrófica.

O presidente é um Peter Pan, vive num mundo paralelo. Acredita apenas naquilo que lhe agrada. Mora numa cápsula, cercado de asseclas, apartado da realidade. Faz-se de valente ao reportar-se apenas à parte da imprensa que o bajula, mas ajoelha-se como um vassalo medíocre diante do presidente dos EUA. Acredita piamente em teorias de conspiração que fanáticos lhe sopram aos ouvidos, e descrê da ciência, ignorando, por exemplo, os efeitos do aquecimento global, as razões das manchas de óleo no mar, os prejuízos dos desmatamentos na Amazônia, e, agora, os graves riscos da covid-19, para os quais não cansam de alertar a Organização Mundial da Saúde, inúmeros países do globo e, até mesmo, o seu Ministério da Saúde.

Por duas vezes (e talvez a cena se repita nesta terça-feira), o presidente ignorou o isolamento previsto na própria lei que sancionou, a Lei n. 13.979, de 6 de fevereiro de 2020 (regulamentada pela Portaria do Ministério da Saúde nº 356, de 11 de março de 2020), que prevê isolamento e exames periódicos para todos que vêm do estrangeiro, situação em que ele mesmo se encontra. Pior, no domingo passado interagiu diretamente com o público presente à frente do Palácio do Planalto, estimulando inclusive a continuidade de esdrúxula manifestação antidemocrática pró-fechamento do Congresso Nacional e do Supremo Tribunal Federal, patrocinando violações previstas nos incisos II e V do art. 85 da Constituição da República. Não bastasse, disse ontem, em entrevista radiofônica, que todo alarme com a covid-19 não passava de grande histeria e que, se por acaso estivesse contaminado com o coronavírus (a Fox News informara no dia anterior que o filho Eduardo Bolsonaro teria confirmado esta versão), aquilo seria problema unicamente seu. Em nenhum momento o presidente demonstrou preocupação com a hipótese de poder ter contaminado outras pessoas. Não houve, da parte da maior autoridade do país, qualquer tipo de preocupação com o fato. Pensou nas consequências dele para sua saúde e só.

Não é espantoso supor que o presidente brasileiro possua grave debilidade mental. Em julho de 2019, escrevi que a recorrência no cometimento de crimes de responsabilidade sugeriria *impeachment* ou interdição por razão de demência. Ontem, o jurista Miguel Reale Júnior recomendou ao Ministério Público Federal que submetesse o presidente a uma junta médica, a fim de avaliar sua sanidade mental. A medida é importante porque o país não pode permanecer à deriva num momento tão sensível. O Brasil é o país da informalidade, vive do comércio nas ruas, sobretudo ambulante. São milhões e milhões de brasileiras e brasileiros que sobrevivem com o pouco que arrecadam em vendas e pequenos serviços no trabalho diário. Uma necessária ausência de aglomerações para evitar a propagação do contágio viral resultará em prejuízo inimaginável para esta enorme parcela da população, que não terá como prover o sustento de suas famílias. Seguramente será esta mesma parcela populacional, naturalmente mais suscetível à doença, que enfrentará filas caóticas em postos de saúde, Upas e hospitais.

Será que o presidente da República não consegue imaginar o que uma mãe ou um pai podem fazer, num momento de desespero, para obter o alimento que não têm como comprar para os filhos porque não tem como trabalhar? No Nordeste brasileiro são vivas as recordações de saques e arrastões decorrentes das carestias das décadas de 1980 e 1990. Será que o presidente não pode imaginar o caos que se estabelecerá numa unidade de saúde quando uma multidão temerosa por sua vida não conseguir atendimento instantâneo? Não mensurará o presidente o tamanho do pânico social gerado quando máscaras, álcool em gel, produtos alimentícios e de higiene pessoal escassearem nas prateleiras de farmácias e supermercados? E as trabalhadoras e trabalhadores que se locomovem diariamente em transportes públicos lotados, estará o presidente prensando neles?

O momento agora é de refletir e agir. Se o presidente Jair Bolsonaro é incapaz de entender a importância dessa afirmação, que seja removido imediatamente da Presidência da República. Congresso Nacional e Supremo Tribunal Federal têm a responsabilidade histórica de tomar as providências necessárias para que isso se viabilize antes que o ônus da covardia recaia sobre si. Motivos para *impeachment* não faltam, assim como não faltam indícios para alimentar uma eventual providência do Ministério Público com vistas a uma eventual interdição, se assim se compreender melhor ou mais efetivo. O fato é que o país não merece ser governado por um Peter Pan que só enxerga o mundo como quer ver, que só vive segundo suas próprias regras. Para piorar a situação, um Peter Pan sem a pureza e o charme da juventude. Uma espécie de Peter Pan às avessas: arrogante, virulento, incompetente, inconsequente e intelectualmente atrasado.

(Março de 2020)

BRASIL NO SÉCULO XXI: DE GIGANTE A VASSALO

Rio Branco, patrono da diplomacia brasileira, mestre na arte de resolver controvérsias internacionais pelo diálogo, jamais imaginaria que, passados mais de 100 anos de sua morte, o país, que formou gerações e gerações de diplomatas sensatos, seria entregue ao comando de gente tão inábil, tão acintosamente rasteira para a lida cotidiana das relações exteriores.

O episódio em que filho do presidente da República acusou a China de haver provocado dolosamente a contaminação do mundo pelo coronavírus, comprando um desnecessário desgaste diplomático com a nação asiática, principal parceira comercial do país (sandice que, de modo inaceitável, foi endossada pelo chanceler brasileiro), revelou não apenas falta de tato no manejo das palavras, como exteriorizou, ainda mais, o fosso intelectual existente no âmbito das mais elevadas autoridades brasileiras.

O país, cujos representantes oficiais já eram tidos por atrasados mundo afora, por buscar, a todo custo, arregimentar uma demagógica aliança ultraconservadora universal, passou a ser explicitamente reconhecido como ninho de pessoas grosseiras e ineptas. Gente capaz de, por um lado, atacar gratuitamente a beleza da primeira-dama da França, por outro, deixar-se influenciar por teorias conspiratórias esdrúxulas, isentas de justificação racional e compromisso com a verdade, difundidas por subintelectuais de YouTube, curvando-se às elucubrações do presidente dos Estados Unidos, o mais bufão de todos os bufões do planeta.

As autoridades brasileiras já agrediram China, França, Alemanha, Canadá, Irã, Venezuela, Cuba; perderam a confiança dos russos; compadeceram-se com o nazismo irritando judeus; criaram intrigas com árabes ao declararem amor por Israel. Além disso, foram desdenhadas por históricos parceiros sul-americanos, em situações em que manifestarem aversão pelas opções soberanas dos povos por projetos políticos de esquerda, como no caso da Argentina, e mesmo após colidirem com os limites tolerados pela própria direita, como na situação do Chile, em que foram rechaçadas por defenderem o sanguinário ex-ditador do país. A situação do Brasil na América do Sul é de tal maneira vexatória que o presidente da República sequer participou de recente videoconferência com Chefes de Estado sul-americanos, destinada a tratar da contenção da pandemia de coronavírus na região.

Depois de tantas trombadas diplomáticas não se poderia esperar que, para além da América, a credibilidade do país fosse melhor. Politicamente, é um desastre. Nas rodas internacionais o país é ironizado pela forma serviçal com que se alinha aos Estados Unidos. Ninguém crê, por exemplo, que o Brasil possua um posicionamento próprio sobre os temas do aquecimento global, da migração, da geopolítica do petróleo, das questões da Venezuela, Cuba e Bolívia, apenas para citar alguns. O Brasil é achincalhado pela forma atrasada com que se coloca diante de pautas de direitos humanos relativas à memória, verdade e justiça, gênero, segurança, política indigenista e ambiental. Comercialmente, o tsunami é ainda mais dramático. Presidente, ministros e filhos do presidente, não falta quem diga bobagem. Todo dia alguém gera incerteza para investidores internos e externos. A política exterior brasileira é um fiasco. As consequências, que já seriam enormemente graves sem a crise do coronavírus, são, agora, incalculáveis.

É lamentável que o Brasil tenha abandonado a condição de gigante das relações internacionais, conquistada na primeira década do século XXI, para converter-se em pária global, vassalo incondicional estadunidense. O país se tornou um lacaio dos Estados Unidos, a ponto de ofender imigrantes brasileiros ali domiciliados e de apoiar a sua deportação em massa do território norte-americano. Isso sem cobrar reciprocidade e após liberar unilateralmente a exigência de visto para a entrada de estadunidenses no país e de manter a permissão de entrada mesmo em cenário de coronavírus, depois de impor vedação de acesso a estrangeiros de inúmeras nacionalidades.

Não é esse o Brasil que faz jus a memória de gerações de diplomatas que calcaram ladrilhos na idealização de um conceito brasileiro próprio, zeloso e confiável, de política exterior. Ninguém merece um governo assim, indiferente à honra do país e alheio ao respeito do seu povo. A propósito, para não alongar o texto, nem comentarei sobre o vexame da viagem presidencial de beija-mão aos EUA, que só serviu para apressar a chegada do coronavírus em divisas nacionais, e dos 39 quilos de cocaína apreendidos em avião oficial de apoio à comitiva brasileira no exterior. Resumindo, é urgente, mais que urgente, urgente urgentíssimo que se substitua o comando da nação.

(Março de 2020)

BOLSONARO, PANDEMIA E PANDEMÔNIO

> *"O brasileiro quer trabalhar, esse negócio de confinamento aí tem que acabar, temos que voltar às nossas rotinas. Deixem os pais, os velhinhos, os avós em casa e vamos trabalhar. Algumas mortes terão, mas acontece, paciência" (...) "Não podemos agir dessa maneira irresponsável. O vírus, mais forte ou mais fraco vem. É igual uma chuva, vai aparecer, você vai se molhar e toca o barco e não pode simplesmente se esconder, se enclausurar".*
>
> (Jair Bolsonaro. Programa Brasil Urgente, 27 de março de 2020)

O presidente da República Jair Bolsonaro não pode ser responsabilizado pela ocorrência da pandemia de coronavírus, mas pode e deve ser responsabilizado por ações e omissões tomadas à frente do comando do país, ante a crise de saúde. Precisar em que medida isso deverá ser realizado é que será o xis da questão.

A Constituição da República expressa taxativamente, no art. 85, que são crimes de responsabilidade do presidente aqueles que atentem contra a Constituição Federal e, especialmente, contra: "*I - a existência da União; III - o exercício dos direitos políticos, individuais e sociais; IV - a segurança interna do País; V - a probidade na administração*".

A Lei nº 1.079, de 10 de abril de 1950, que define os crimes de responsabilidade e regula o respectivo processo de julgamento, repete o enunciado do comando constitucional no art. 4º, elencando, nas disposições seguintes, cada uma destas violações.

No art. 5º, inciso 9, considera crime de responsabilidade praticado contra a existência da União: "*não empregar contra o inimigo os meios de defesa de que poderia dispor*". Recentemente, a jurista Carol Proner, da Associação de Juristas pela Democracia, escreveu texto (Brasil de Fato, 21 de março de 2020) em que presume a necessidade de conferir-se à situação jurídica em curso um caráter de guerra, afinal, "*Macron foi enfático quanto ao inimigo invisível. Trump invocou ato de produção de defesa civil para garantir álcool gel e máscaras em escala militar. Merkel qualifica o vírus como o maior desafio da Alemanha desde a 2ª Guerra Mundial*". Havendo guerra, há inimigo (o coronavírus), devendo o presidente empregar contra este os meios de defesa de que poderia dispor. Estaria o presidente empregando-os adequadamente?

No art. 7º, inciso 9, a Lei 1. 079/50 prescreve ser crime de responsabilidade praticado contra o livre exercício dos direitos políticos, individuais e sociais: "*violar patentemente qualquer direito ou garantia individual constante do art. 141 e bem assim os direitos sociais assegurados no artigo 157 da Constituição*". A Constituição vigente à época do comando legal era a de 1946. Apesar da revogação daquela Carta Magna, os direitos previstos em seus artigos 141 e 157 foram transportados para o Título II da Constituição atual (Dos direitos e garantias fundamentais), sendo ali acrescidos. Um dos direitos sociais enaltecidos foi o direito a saúde previsto no art. 6º: "*São direitos sociais a educação, a saúde...*". É elementar que se tome por direito à saúde não apenas o direito a gozar de uma estrutura estatal de atenção à saúde, mas o próprio direito de não adoecer, isto é, de manter-se são. Estaria o presidente da República corroborando isso?

O art. 8º, inciso IV da Lei de 1950, define ser crime de responsabilidade realizado contra a segurança interna do País "*praticar ou concorrer para que se perpetre qualquer dos crimes contra a segurança interna, definidos na legislação penal*" e "*não dar as providências de sua competência para impedir ou frustrar a execução desses crimes*". Garantir a segurança interna do País significa prover a estabilidade nacional, trabalhar para que seus cidadãos vivam protegidos, bem cuidados, preservados. Propiciar condições para uma vida não somente protegida, mas preservada, é uma inferência que deve perpassar a conotação de guarda policial e contemplar uma ideia mais ampla de segurança em todos os níveis, inclusive nos níveis regulares de saúde. O presidente da República vem colaborando para assegurar estes cuidados ao povo brasileiro?

O art. 9º, inciso 7, da comentada lei prevê como crime de responsabilidade exercido contra a probidade na administração: "*proceder de modo incompatível com a dignidade, a honra e o decoro do cargo*". Não há uma fórmula que defina todas as nuances do que deva ser responder à altura do cargo, porém infere-se que respeitar a lei (obrigação imposta, indistintamente, a todas e todos) é uma requisição básica à mais alta autoridade política nacional. Estaria o presidente correspondendo a este imperativo? Se qualquer dos quatro dispositivos constitucionais citados tiver sido afrontado pelo presidente da República, houve cometimento de crime de responsabilidade suscetível de *impeachment*.

Pois bem. O título VIII do Código Penal brasileiro destina-se a tipificar os crimes contra a incolumidade pública. Inserido no capítulo III (sobre as violações à saúde pública) o art. 267 prevê o crime de epidemia: "*causar epidemia, mediante a propagação de germes patogênicos*". Para tal ilícito, a lei prevê pena de reclusão de dez a quinze anos, sendo a mesma aplicada em dobro se do fato resultar morte (§ 1º), por alteração da Lei n. 8.072, de 25 de julho de 1990 (Lei dos Crimes Hediondos). Por força do art. 2º, inciso I, desta lei, o crime também passa a ser insuscetível de anistia, graça e indulto (inciso I, em combinação com o inciso XLIII, do art. 5º, da Constituição). Já se o crime for culposo a pena será de detenção de um a dois anos, mas se resultar em morte, de dois a quatro anos (§ 2º). O art. 268, por sua vez, que trata do crime de infração de medida sanitária preventiva, estipula que "*infringir determinação do poder público, destinada a impedir introdução ou propagação de doença contagiosa*" leva à pena de detenção de um mês a um ano, e multa. Em toada semelhante, o art. 330 do Código Penal, ao tratar do crime de desobediência, estipula que "*desobedecer a ordem legal de funcionário público*" leva à pena de detenção, de quinze dias a seis meses, e multa. O Código também disciplina no art. 132, sobre perigo para a vida ou saúde de outrem, que "*expor a vida ou a saúde de outrem a perigo direto e iminente*" leva à pena de detenção, de três meses a um ano, se o fato não constituir crime mais grave.

A pandemia de coronavírus (COVID-19) foi declarada pelo diretor-geral da Organização Mundial da Saúde (OMS), Tedros Ghebreyesus, no dia 11 de março, após o surto avançar, em pouco mais de três meses, sobre

114 nações, provocar 118 mil infecções e resultar em 4.291 mortes. Na ocasião, o funcionário internacional alertou: "*Preparem-se, detectem, protejam, tratem, reduzam o ciclo de transmissão, inovem e aprendam*". No mesmo dia 11 de março, o secretário-geral da Organização das Nações Unidas (ONU), António Guterres, comentou que a crise epidemiológica consistia numa ameaça comum a todas as nações. Dias antes, o Brasil havia promulgado a Lei n. 13.979, de 6 de março de 2020, dispondo sobre "*medidas para enfrentamento da emergência de saúde pública de importância internacional decorrente do coronavírus responsável pelo surto de 2019*". Por força da disposição do art. 5º da referida lei, "*toda pessoa colaborará com as autoridades sanitárias na comunicação imediata de: I - possíveis contatos com agentes infecciosos do coronavírus; II - circulação em áreas consideradas como regiões de contaminação pelo coronavírus*".

Esta mesma lei de 6 de março, através do parágrafo único de seu art. 2º, faz conexão com o Decreto n. 10.212, de 30 de janeiro de 2020, que promulgou o texto revisado do Regulamento Sanitário Internacional, acordado na 58ª Assembleia Geral da Organização Mundial de Saúde, em 23 de maio de 2005. Este regulamento internacional, aprovado no âmbito da OMS, dispõe no artigo 7, sobre compartilhamento de informações durante eventos sanitários inesperados ou incomuns, que "*caso um Estado Parte tiver evidências de um evento de saúde pública inesperado ou incomum dentro de seu território, independentemente de sua origem ou fonte, que possa constituir uma emergência de saúde pública de importância internacional, ele fornecerá todas as informações de saúde pública relevantes à OMS* (...)".

Dos diplomas domésticos e internacionais mencionados, observa-se que consiste em crime corroborar com a propagação de surto contagiante, sendo expressamente determinado que casos suspeitos e confirmados devem ser devidamente informados às autoridades nacionais e mundiais vinculadas à temática, a fim de que providências de contenção epidemiológica sejam patrocinadas. No dia 15 de março, porém, posteriormente à promulgação de todas as normas, o presidente da República, recém-chegado de viagem dos Estados Unidos, consciente de que membros de sua comitiva haviam contraído o coronavírus, integrou ato público em defesa de seu governo à frente do Palácio do Planalto, contra os Poderes Legislativo e Judiciário. A partir de então, passou a referir-se constantemente sobre o surto epidemiológico como "gripezinha", mantendo-se apático ao drama de saúde pública que viria a consumar-se.

Desde seu retorno dos Estados Unidos, vinte e três pessoas integrantes de sua comitiva confirmaram teste positivo para a Covid-19. O presidente, porém, sustenta haver testado negativo para o teste, recusando-se a demonstrá-lo mediante a apresentação do exame. No dia 13 de março, a Fox News anunciou em matéria jornalística que o deputado Eduardo Bolsonaro, filho do presidente, havia confirmado o teste positivo do pai. A polêmica continua aberta sem que o chefe do Executivo manifeste intenção de esclarecer a população, de maneira categórica, sobre seu estado de saúde. De qualquer maneira, se estiver mentindo, cometeu crime ao não comunicar adequadamente às autoridades de saúde sobre sua condição; por haver interagido diretamente com o público podendo tê-lo contaminado; por haver infringido as normas nacionais que disciplinam sobre a postura diante do surto, para não falar da contribuição à persistência da disseminação epidemiológica através de suas falas, ações e medidas. Na contramão desta postura, no último dia 26 de março, o primeiro-ministro britânico Boris Johnson confirmou haver testado positivo para a doença, reforçando a premissa elementar de que se alguém se reconhece como atingido pelo surto, não precisa apresentar o teste, entretanto, se se reconhece saudável, a prova conclusiva precisa ser apresentada para que as autoridades competentes tomem as providências adequadas.

Resistentes à ideia de que o Brasil deveria manter-se indiferente à pandemia, em cumprimento às diligências determinadas pela Lei n. 13.979/20, governadores estaduais e prefeitos passaram a tomar providências a fim de evitar aglomerações de pessoas, determinando a suspensão de atividades comerciais, culturais, escolares e religiosas, circulação em geral, entrada e saída humana nas diversas divisas. Mas, no dia 24 de março, o presidente do país, em pronunciamento oficial em cadeia de rádio e televisão, anunciou que tais medidas eram ineficazes e conclamou a população a retomar suas atividades normais, sob pena de agravamento do cenário econômico. Ao que se sabe, está prestes a dar início à campanha publicitária "O Brasil não pode parar", repetindo desastrosa fórmula adotada pela prefeitura de Milão, "Milão não para", que, após incentivar a manutenção das atividades econômicas normais, deparou-se, um mês após a deflagração da propaganda, com um cenário de mais de 35 mil pessoas com contágio de coronavírus confirmados apenas na região da Lombardia, e cerca de 5 mil óbitos, representando 40% e 55% do total de contágios e óbitos do país, respectivamente. No dia 22 de março, o prefeito de Milão, Giuseppe Sala, desculpou-se publicamente pela fatídica recomendação.

Nada, entretanto, parece frear o ímpeto letal do presidente brasileiro. Em 27 de março, em entrevista concedida ao apresentador José Luiz Datena no programa Brasil Urgente, o mandatário voltou a defender o fim das estratégias do que considera "alarmismo" de certas autoridades dos executivos estaduais e municipais, as quais preconizam o isolamento social para conter o avanço da pandemia. Assim pontuou: "*O brasileiro quer trabalhar, esse negócio de confinamento aí tem que acabar, temos que voltar às nossas rotinas. Deixem os pais, os velhinhos, os avós em casa e vamos trabalhar. Algumas mortes terão, mas acontece, paciência*" (...) "*Não podemos agir dessa maneira irresponsável. O vírus, mais forte ou mais fraco vem. É igual uma chuva, vai aparecer, você vai se molhar e toca o barco e não pode simplesmente se esconder, se enclausurar*". Na entrevista, o presidente confessou que estava "conversando" com ministros de seu governo para convencê-los a abandonar as estratégias de isolamento social. Em poucos minutos as hashtags #BolsoNero e #ImpeachmentDeBolsonaro viraram assuntos do momento no Twitter.

Esta posição presidencial contraria a orientação da OMS e da ONU e segue na direção oposta às medidas adotadas pela expressiva maioria das nações no mundo inteiro, que vê no distanciamento entre as pessoas a única forma de mitigar a assustadora progressividade da pandemia. Mundo afora adiaram-se jogos olímpicos, suspenderam-se competições e eventos internacionais, fecharam-se fronteiras, restringiram-se fluxos aéreos e marítimos. Não seria tudo isso suficiente para reconhecer que o presidente do Brasil atua temerariamente à frente do Executivo nacional? Muito coerentemente a jurista da ABJD, Gisele Ricobom, em texto assinado por ela e pelo biólogo Lucas Aguiar, na Revista Carta Maior, em 25 de março, conclui que essa resistência do presidente às recomendações científicas de saúde, associada à aberta indisposição para com as medidas federativas estaduais e municipais de contenção epidêmica, podem repercutir em "*subnotificação de mortos e na ausência de um controle estatístico por falta de testes*", legitimando projeções mais pessimistas do número de mortos no Brasil.

Para além disso, levando-se em conta o número de mortes já contabilizado e a probabilidade de alavancar-se a fatalidade após tamanha inconsequência, não seria de se supor que a ação da autoridade nacional foi criminosa, resultando em mais mortes, portanto, no cometimento de múltiplos homicídios? Em sentido diverso, ao estimular a retomada das atividades normais e facilitar o curso crescente da pandemia, não teria a autoridade federal incorrido numa provocação ao contágio?

A ação de incitar publicamente a prática de crime está prescrita no art. 286 do Código Penal, com previsão de pena de detenção de três a seis meses, ou multa. O homicídio em si, matar alguém, tem pena de reclusão de seis a vinte anos, segundo ao art. 121 do Código. Na pior das hipóteses, a ação criminosa do mandatário federal poderia ser compreendida como induzimento, instigação ou auxílio a suicídio ou a automutilação. Neste caso, a lei penal, em seu art. 122, prevê a pena de seis meses a dois anos, ressaltando que, se a mutilação ou tentativa de suicídio resultar em lesão corporal de natureza grave ou gravíssima, a pena será de reclusão de um a três anos (§ 1º) e, se efetivamente consumar-se a morte, a pena será de reclusão de dois a seis anos (§ 1º). Haverá duplicação da pena se o crime for praticado por motivo egoístico, torpe ou fútil ou se a vítima for menor ou tiver capacidade de resistência diminuída (§ 3º, I e II).

Se, por outro lado, o crime for interpretado como homicídio em massa (ou melhor, de massa) a hipótese passa a ser de genocídio, delito que é normalizado pela Lei n. 2.889, de 1º de outubro de 1956, que o define como conduta atribuível (art. 1º) "*a quem com a intenção de destruir, no todo ou em parte, grupo nacional, étnico, racial ou religioso: a) matar membros do grupo; b) causar lesão grave à integridade física ou mental de membros do grupo; c) submeter intencionalmente o grupo a condições de existência capazes de ocasionar-lhe a destruição física total ou parcial*". Para as situações das alíneas a, b e c são previstas as penas de reclusão de doze a trinta anos, dois a oito anos e dez a quinze anos, respectivamente. Sendo crime hediondo, não é passível de recebimento de anistia, graça e indulto, segundo comentado.

Pior: para além de ser crime hediondo, o genocídio é prática extravagante, excepcional, tomado como de extremada gravidade até mesmo quando comparado com outras modalidades criminais. Configura uma conduta tão repugnante para a civilização que ganha *status* de crime internacional. A Constituição do Brasil dispõe no § 4º do art. 5º que "*o Brasil se submete à jurisdição de Tribunal Penal Internacional a cuja criação tenha manifestado adesão*". Em decorrência, o Brasil integra o Tribunal Penal Internacional (TPI), regido pelo Estatuto de Roma, adotado em 17 de julho de 1998, em vigor na ordem internacional em 1º de julho de 2002, com promulgação interna pelo

Decreto n. 4.388, de 26 de setembro de 2002. Pelo art. 1º do Estatuto, o TPI tem competência para apurar e decidir sobre o crime de genocídio. Dispõe a norma, no art. 6º, que o genocídio consiste em: a) homicídio de membros do grupo; b) ofensas graves à integridade física ou mental de membros do grupo; c) sujeição intencional do grupo a condições de vida com vista a provocar a sua destruição física, total ou parcial. Isto é, ainda que a conduta do presidente não tenha sido de morte direta, já estaria apta para configurar-se como genocídio por sujeição intencional do grupo a condições de vida com vista a provocar sua destruição física, total ou parcial.

No art. 7º, o Estatuto do TPI refere-se aos crimes contra a humanidade. Por ali, se vê que são assim considerados desde que "*cometidos no quadro de um ataque, generalizado ou sistemático, contra qualquer população civil, havendo conhecimento desse ataque*", que bem poderia ser inferida à situação: a) homicídio; b) extermínio; e, ainda, k) outros atos desumanos de caráter semelhante, que causem intencionalmente grande sofrimento, ou afetem gravemente a integridade física ou a saúde física ou mental.

Em resumo, alguém já parou para pensar sobre em que poderá ter se metido o presidente do Brasil com sua inescusável ignorância? E mais, nas consequências jurídicas que podem advir da malfada postura se a incitação ao fim do isolamento for levada adiante pela população e mortes acontecerem por sua causa? Sem mencionarmos os prejuízos de adoecimento não letais que advirão da difusão do surto epidêmico... Por tratar-se de pandemia definida pela OMS, ameaça à humanidade, segundo a ONU, as ações e omissões do presidente brasileiro possuem fio doméstico, mas irradiam sua irresponsabilidade para o cenário internacional, podendo seu dolo ou culpa ser apreciados pela ordem jurídica mundial, mesmo que a condição da jurisdição do Tribunal Penal Internacional seja compreendida como complementar e subsidiária à do direito doméstico.

Bom lembrar que, pela redação do art. 27.1 do Estatuto do TPI, a imunidade de Chefe de Estado não "*eximirá a pessoa em causa de responsabilidade criminal nos termos do presente Estatuto, nem constituirá de per se motivo de redução da pena*", sendo a norma internacional taxativa no incisivo 2: "*As imunidades ou normas de procedimento especiais decorrentes da qualidade oficial de uma pessoa, nos termos do direito interno ou do direito internacional, não deverão obstar a que o Tribunal exerça a sua jurisdição sobre essa pessoa*". Ou seja, se assimilada a natureza internacional do crime cometido, o Brasil poderá ser compelido a entregar o presidente da República à Corte Internacional para consequente responsabilização, caso seja denunciado. Acertou o deputado federal Marcelo Freixo quando tuitou no último dia 24: "*Temos uma pandemia e um pandemônio*".

Não é objetivo deste texto apresentar conclusões, mas apenas provocar os intelectuais do país a um exercício de interpretação deste complexo dilema que reúne, ao mesmo tempo, fusão de possíveis crimes de responsabilidade e crimes de natureza comum; crimes domésticos e, quem sabe, internacionais. Ressalte-se que esta conjectura recai apenas sobre as ações e inações presidenciais no enfrentamento direto da pandemia de coronavírus. Não traz à baila os conflitos federativos e institucionais inflamados, o destempero no lidar com a imprensa, a omissão de informações, fatos adjacentes ao drama. Tais incidentes suscitariam a ocorrência de mais crimes de responsabilidade (contra o livre exercício dos Poderes e unidades federativas e o respeito à probidade da administração, especialmente no que diz respeito à atenção ao decoro do cargo). Além de outros crimes comuns, como alguns que já foram apreciados aqui e outros que escapam à memória. Ademais, o que pauta o texto é apenas o cenário no entorno da pandemia. Exclui-se de apreciação tantos e tantos eventos possivelmente motivadores de muitos outros ilícitos desde a posse na presidência da República.

(Março de 2020)

ESCRÚPULOS ÀS FAVAS

Constatações e questionamentos emergem da troca de acusações desferidas ontem (24/04/2020) pelo presidente da República e seu ex-ministro da justiça. Dentre as constatações, destaca-se que Sérgio Moro negociou sua passagem pelo governo, desde antes de assumir o Ministério da Justiça até às vésperas da saída. Condicionou sua entrada à satisfação de um projeto pessoal de poder, a ser consolidado por uma surreal autorização de gestão ampla e irrestrita sobre toda estrutura da pasta, inclusive órgãos a ela vinculados, numa permitida a desavergonhada manipulação sobre o preenchimento de cargos. Prospectou, também como imposição de entrada, uma promessa de pensão imoral, juridicamente impossível, para a família, "caso algo lhe acontecesse". Impôs, como moeda de troca à fidelidade, o juramento de uma vaga no STF. No final, barganhou cargo para um apadrinhado.

Sem desfaçatez alguma, Sérgio Moro mostrou seu nível de intimidade com a Rede Globo, liberando, com exclusividade, para o Jornal Nacional (não para as autoridades competentes ou para o conjunto da imprensa, que o rodeara horas antes em entrevista coletiva), as mensagens íntimas trocadas com o presidente da nação. O mesmo Sérgio Moro que, durante mais de um ano, manteve-se alheio aos espetáculos midiáticos que marcaram sua vida na magistratura e exerceu uma advocacia pessoal e administrativa informal em favor dos interesses espúrios do presidente, até o dia em que, percebendo a envergadura do colapso econômico e sanitário nacional, francamente desfavorável para o chefe, abandonou o governo à própria sorte e entregou o ex-parceiro à traição, com golpe certeiro e impiedoso.

Dentre as constatações também fica evidente que Bolsonaro buscou interferir em investigações da Polícia Federal, particularmente no que tange a ações contra o suposto "Gabinete do Ódio" junto à Corte Suprema e em gestões associadas ao caso da execução da vereadora Marielle, no Rio de Janeiro. Bolsonaro intimidou e coagiu pessoas para que agissem ilegalmente, visando satisfazer seus objetivos. Tratou a coisa pública como se privada fosse, franqueando manipulação incontida sobre ministérios e tentando, a todo custo e sem arestas, proteger as perniciosas transações dos filhos. Foi acusado pelo ex-ministro de o tentar subornar através das mais variadas benesses, já mencionadas. Inconsequente, tão inconsequente, que revelou em pronunciamento oficial a dimensão de sua inépcia para gerir o Estado, ao propor resolver, por sorteio, a nomeação do chefe da Polícia Federal do país.

Os questionamentos não são poucos: o que será feito da denúncia de corrupção passiva do ex-ministro Sérgio Moro ao requerer vantagem (pensão para a família) em virtude do cargo? O que será feito da evidência de que, durante mais de um ano, cerrou os olhos para as articulações supostamente maliciosas dos filhos do presidente, omitindo-se, em contrapartida, de cumprir o que por lei deveria realizar? Como será tratado o ímpeto do presidente em obstruir a justiça, no afã de proteger os seus interesses pessoais e os interesses de seus filhos? Quais serão os desdobramentos legais para as graves acusações que já pairavam sobre o senador Flávio Bolsonaro a respeito da histórica amizade com integrantes da milícia e com a "rachadinha" de verba pública parlamentar? O que sobrará para o vereador Carlos Bolsonaro em sua provável diligência, junto ao "Gabinete do Ódio", de disseminação de *fake news*?

Afinal, quem mandou matar Marielle? Quem esteve por trás da facada durante a última campanha presidencial? Segundo afirmou o presidente no pronunciamento da tarde, estes fatos continuam a intrigá-lo. Por que razão não intrigariam o povo brasileiro? Será que não merecem tratamento diligente e contundente doravante?

Por fim, que destino será dado à deputada Carla Zambelli, denunciada por Sérgio Moro? Segundo ele, a deputada lhe fez uma proposta de manejo de tráfico de influência junto ao presidente para beneficiar-lhe com uma toga no STF, em troca do endosso à nomeação do protegido do Planalto na direção da Polícia Federal (suborno)?

Enfim, não faltam providências a serem tomadas. Há matéria suficiente para visualização de *impeachment*, enquadramento criminal e cassação parlamentar entre as mais diversas pessoas destacadas. Entre as inúmeras constatações e questionamentos, duas certezas: foram todas cúmplices e, muito provavelmente, todas se revelarão culpadas. Jogaram os escrúpulos às favas e terão que responder por isso.

(Abril de 2020)

DOIS ANOS DE ABJD

No Brasil dos últimos anos, em que uma cisão pôs de um lado o fascismo, do outro, a resistência, a Associação Brasileira de Juristas pela Democracia (ABJD) se forjou em importante aquisição social para a defesa dos direitos fundamentais consagrados pela Constituição de 1988. Mais do que uma entidade jurídica que conjuga esforços nos campos judiciais e acadêmicos, apresenta-se de forma capilarizada em todo país como organização de apoio à luta diária de movimentos sociais, entidades e movimentos de representação de classe, além de organizações congêneres de defesa da democracia.

A estruturação da ABJD é, por si só, um primor. Pugna pela busca do consenso progressivo nas deliberações, tem órgãos, inclusive diretivos, integrados por representantes das mais diversas regiões nacionais, prestigiando composição atenta às práticas de pluralidade de pensamento, diversidade religiosa, laicidade, paridade de gênero, raça, sexualidade e etnia. Além disso, é aberta à filiação de militantes de todos os setores da área jurídica, congregando não apenas profissionais, mas também estudantes.

Em dois anos, inúmeras ações judiciais, representações e medidas administrativas foram propostas em todo Brasil. Denúncias foram levadas ao conhecimento internacional, missões no exterior foram realizadas, até demanda ao Tribunal Penal Internacional foi apresentada. Centenas de textos e entrevistas foram protagonizados por seus filiados. Atos das mais diferentes modalidades foram concebidos, de tal forma que a ABJD foi presença assídua em manifestações nos mais importantes momentos políticos do país, acompanhando e subsidiando *in loco* trabalhos judiciários e legislativos.

A ABJD tem sido motivo de orgulho para todos que acreditam na construção de um país democrático, livre e soberano, assentado na boa aplicação do direito e na realização da justiça, bem como na estruturação de uma sociedade internacional pautada pela igualdade entre as nações, a soberania dos povos e a solidariedade na superação dos graves problemas que afetam a humanidade, com reforço da integração e da fraternidade na América Latina.

Parabéns, ABJD. Que esses dois anos se multipliquem e que os resultados práticos dessa luta continuem cada vez mais presentes no cotidiano do Brasil e do mundo. Que mais companheiras e companheiros de sonhos e de lutas se filiem através da página www.abjd.org.br.

(Maio de 2020)

QUALQUER COISA JÁ PARA DESTITUIR O TIRANO

Na manhã deste 28 de maio o Brasil foi despertado com verborragia ácida do filho do presidente da República, Eduardo Bolsonaro: "*Quando chegar a um ponto em que o presidente não tiver mais saída e for necessária uma medida enérgica, ele é que será taxado como ditador*". Horas depois, o pai em pessoa viria a público para soltar um "*Acabou, porra!*", em alto e bom som. A razão de tanto descontentamento é o fechamento do cerco no inquérito do Supremo Tribunal Federal que apura o disparo de *Fake News*, mensagens de ódio e ameaças contra membros da Corte. Um dia antes, o ministro Alexandre de Moraes havia determinado a busca e apreensão de *laptops*, *smartphones* e equipamentos do gênero em endereços de inúmeros suspeitos de financiar, produzir e disseminar os conteúdos ilícitos – todos apoiadores do Chefe do Executivo nacional.

O receio é que o aprofundamento das investigações chegue ao núcleo duro do Gabinete do Ódio, estrutura, segundo se comenta, levantada dentro do Palácio do Planalto, financiada em parte com dinheiro público e supostamente liderada por outro filho do presidente, o vereador Carlos Bolsonaro, responsável pelas estratégias de disparo das mensagens incendiárias e detratoras.

O presidente da República do Brasil não é um homem sério. Desde o primeiro dia de governo se comporta como um bufão irresponsável à frente do mais alto cargo do país. Demonstra-se sem preparo para lidar com as difíceis tarefas de governo, mais interessado em encontrar meios de manter-se a qualquer custo no poder do que em pensar soluções para os graves problemas econômicos, sociais e políticos que afligem a nação. Aquele que deveria ser o líder máximo de centenas de milhões de pessoas é um violador sistemático da legalidade e do decoro. Não por acaso, recaem sobre ele denúncias e mais denúncias de cometimento de crimes de responsabilidade e crimes comuns. O inquilino do palácio mais cobiçado do Brasil é incapaz de conter-se em disputas com a própria base de apoio. Sua vaidade psicótica é suficiente para alimentar a discórdia.

Bem que a justiça eleitoral poderia ter ido adiante na análise dos graves indícios de irregularidade suscitados durante o pleito presidencial de 2018 e impugnado sua chapa ainda durante a campanha. De lá para cá, a sucessão de impropérios só corrobora a conclusão de que um erro gravíssimo por omissão foi cometido, embora, dentro das circunstâncias, ainda possa ser parcialmente remediado. A economia do Brasil está em ruínas, a nação envolta num estado de calamidade sanitária com milhares dos seus cidadãos padecendo, a credibilidade do país no exterior já não existe. Sequer autoestima há mais na alma do brasileiro. Existe, porém, uma centelha de democracia que permite que se sonhe com um futuro para esta e para as gerações vindouras e pela qual vale a pena lutar. Muitos deram a vida para que um texto como este pudesse ser redigido e livremente divulgado. Muitos perderam sua juventude para permitir que uma Constituição como a de 1988 pudesse ser promulgada. Não seria honesto nem com estes, nem com ninguém mais, tampouco leal com a história de perseverança dos brasileiros, permitir o avanço do despotismo.

A sociedade brasileira não pode mais viver em clima de intranquilidade, sob a ameaça explícita e a chantagem permanente do presidente. Se os demais poderes e instituições da República não agirem com veemência diante da insofismável escalada autoritária, não haverá mais espaço para a convivência pacífica no Brasil. Será contar as semanas, quiçá os dias, para dizer adeus à resiliente fagulha de democracia. *Impeachment* já! Afastamento por crime comum já! Cassação de chapa já! Interdição já! Qualquer coisa já para destituir o tirano.

(Maio de 2020)

PRECARIZAÇÃO DO TRABALHO PRECÁRIO

Vídeo veiculado na internet pelo movimento *Treta no Trampo* vem demonstrando a humilhação que é trabalhar como entregador de aplicativos. Rappi, Uber Eats, ifood, James, Loggi, não interessa o nome: todas estas empresas, algumas das quais multinacionais, vêm lucrando aos montes. Não apenas com o aumento das solicitações de entrega em casa, em função da pandemia, mas, também, com a exploração de seres humanos que, em sua luta diária pela sobrevivência, não possuem uma alternativa de vida senão arriscar-se às ruas para, por um lado, satisfazer o desejo de quem pode se ficar protegido em casa e, por outro, robustecer os cofres das organizações que representam. Organizações que, diga-se de passagem, nada produzem, apenas intermediam o recrutamento de mão-de-obra barata para realizar a entrega de um produto produzido noutra empresa a um terceiro. Empresas que se dedicam, única e exclusivamente, a atender um pedido via internet (on-line) e viabilizar, indiretamente, através do labor alheio, a entrega pessoal do produto solicitado. Para a literatura neoliberal, afeita a recorrer a anglicanismos, são *startups online-to-offline* (O2O).

Entregadores de aplicativos não gozam do reconhecimento de vínculos de emprego. Recebem por corridas e são selecionados para estas através de pontuações obtidas por decisões unilaterais das O2O, as quais obedecem a critérios amplamente subjetivos, que podem ser tanto os *feedbacks* positivos dos solicitantes das encomendas, como outros menos civilizados. O não trabalho às sextas à noite, aos sábados e aos domingos não gera pontos; a indisposição para cumprir largos percursos ou para ir a locais perigosos, em troca de pagamentos miseráveis, também não gera; paralisação por panes em motocicletas ou bicicletas, idem; o mesmo para acidentes sofridos no trânsito.

Para as empresas que produzem as encomendas, eles são trabalhadores autônomos. Para as organizações a que servem, são empreendedores semeando oportunidades na crise. Para os que solicitam a entrega, pouco importa quem sejam: se um não pode cumprir a tarefa, outro pode. Em resumo, são descartáveis. Seres humanos disponíveis ao abate pelos riscos da pandemia, do trânsito, da criminalidade, na dureza do sol a pino, assumindo por conta própria todos os ônus e incertezas da atividade econômica, em função da inexistência de proteção trabalhista, cobertura previdenciária, apoio social. Sequer sindicatos possuem, já que formalmente não compõem categoria. Ou seja, vivem numa situação inequivocamente vexatória. Em termos laborais, trata-se da precarização de um trabalho, por natureza, já precário. É a precarização do trabalho precário!

Diante de todas estas anomalias e injustiças, o movimento *Treta no Trampo* está convocando entregadores de aplicativo para uma paralisação no próximo dia primeiro de julho. Pedem que os legisladores definam os parâmetros dessa relação atualmente imoral, que o Judiciário ponha termo à penúria em curso. Vale ressaltar que, de modo esporádico, o Judiciário já vem enfrentando questionamentos sobre o tema e, apesar de possuir posições indefinidas, não pode se esquivar de decidir pela proteção da dignidade humana do trabalhador. Aqueles que possuem consciência de que a exploração do homem pelo homem, se não pode ser evitada de vez, deve ser, pelo menos, mitigada, têm o dever ético de apoiar as reivindicações dos entregadores de aplicativo.

No dia primeiro de julho, nenhum pedido por aplicativo de entrega deve ser realizado, nenhum centavo deve ser concedido a empresas que não se condoem de tratar pessoas como objetos. Todo apoio aos entregadores.

(Junho de 2020)

VACINA E *IMPEACHMENT*, JÁ!

O governo brasileiro é o horror em curso. O horror da ausência de saúde expressado pelas mais de duzentas mil mortes na pandemia, agora associado à bárbara falta de oxigênio em Manaus. O horror da inexistência de economia manifestado no crescimento desenfreado do desemprego, agora aliado à fuga de multinacionais, à bancarrota industrial. O horror da carência de política exterior figurado na miopia do contrassenso diplomático, agora associado à insistência desmoralizante no servilismo ao morto-vivo Donald Trump. O horror da privação geral de empatia personalizado na imagem grotesca do presidente, que, mesmo quando cala, debocha do caos, condescende com a dor, desdenha da angústia, despreza o sofrimento.

O governo brasileiro é o horror em curso. O horror que não é contido pelas instituições. O horror que não demonstra que vai cessar sozinho. O horror que escandaliza o tempo histórico fazendo-se cintilar no retrocesso civilizatório das políticas retrógradas, na naturalização das manifestações vis dos filhos malcriados do presidente e do sem-número de insensatos escorados nos mais diversos níveis da administração.

O governo brasileiro é o horror em curso. É o fim anunciado. É o caos, a ira, o consórcio com a morte de quase tudo. A morte das pessoas, dos valores, dos sentimentos, do meio ambiente, da decência política, da diplomacia. É a era dos carcomidos, das carcaças, dos que não têm alma nem coração, são ocos por dentro. Só não é a morte da esperança, porque quem um dia viu o Brasil ser respeitado mundo afora, pelo valor que dava ao seu povo, não desistirá de viver aquele sonho-realidade novamente.

A vacina é fundamental, mas não é suficiente. A vacina porá fim ao pesadelo da pandemia, mas somente o *impeachment* dará início à possibilidade de construção de um novo modelo de Brasil. A vacina não é de esquerda, nem de direita, é a vacina contra a Covid-19. O *impeachment* não é de esquerda nem de direita, é o *impeachment* da integridade do artigo 85 da Constituição, da responsabilidade com o povo brasileiro. A vacina é pela sobrevivência; o *impeachment*, pela dignidade da vida. Vacina e *impeachment*, já!

(Janeiro de 2021)

JORNALISTAS EM RISCO

No último dia 27, foi amplamente veiculado nas mídias sociais um vídeo em que o presidente do Brasil ataca violentamente a imprensa, com verborragia ácida de baixíssimo nível. Sem poupar palavras, com ódio exalando pelas narinas, o desequilibrado presidente vociferou num almoço com legião de puxa-sacos: "Vai para a puta que pariu! Imprensa de merda essa daí. É para enfiar no rabo de vocês aí, vocês não, vocês da imprensa, essa lata de leite condensado". A ação teve a conivência de inúmeros ministros de Estado, dentre os quais o da Infraestrutura, do Turismo, das

Comunicações, das Relações Exteriores, além de secretários especiais de Cultura e da Pesca. No vídeo, vê-se bem o chanceler brasileiro Ernesto Araújo, vibrante, adulando desavergonhadamente o chefe, com aplausos e aprovação aos gritos de "mito! mito!".

É redundante dizer que a manifestação presidencial foi gravíssima. Por diversas perspectivas ela nos assombra. Para começar, a postura é incompatível com a dignidade, a honra e o decoro do cargo. Por isso mesmo, viola a previsão do art. 9º, 7, da Lei n. 1.079/50, configurando crime de responsabilidade contra a probidade na administração, enquadrando-se, por consequência, na previsão do art. 85, V, da Constituição, que dá azo para mais um pedido de *impeachment* a se somar aos, salvo engano, sessenta e três já apresentados. Não há sequer como tentar justificar que a fala do ocupante do Planalto foi a fala individual do cidadão Jair Bolsonaro, porque ele entoou a ira na condição de presidente da República, furioso com denúncias que davam conta de que seu governo havia superfaturado, com dispensa de licitação, a compra de inúmeros produtos alimentícios desnecessários, a exemplo de leite condensado, bombons, goma de mascar etc. Cada unidade de leite condensado, por exemplo, teria custado aos cofres públicos R$ 162,00. No total, R$ 1,8 bilhão foram torrados em 2020, enquanto a população sofria as consequências do descaso do governo no enfrentamento à pandemia de Covid-19. Farra para uns, falta de oxigênio para outros.

Mas essa ação do presidente não foi grave apenas pelo crime de responsabilidade cometido. Bem além disso, o inconsequente que responde pelo comando da nação agrediu severamente a imprensa por ter ela feito exatamente aquilo que se espera que faça numa democracia: informar a população e denunciar em público desmandos que, se não denunciados, serão esquecidos e naturalmente replicados. Imagine-se o que seria da situação, a depender do governo, já que ontem mesmo o Portal da Transparência, que continha as informações objeto da denúncia, foi retirado do ar? Ou seja, ao negar o valor da imprensa e, ao contrário, opor-se à mesma, tratando-a como inimiga, a ação de ontem consumou-se como perigosíssimo ataque à democracia no Brasil.

Para completar, o presidente conscientemente expôs ao risco a integridade física e a vida de milhares de jornalistas, os quais diuturnamente vão às ruas exercer o mais que necessário trabalho de informar. Pessoas que, já de algum tempo, mas sobretudo agora, estarão sob a mira de um exército de fundamentalistas, trogloditas armados até os dentes, incapazes de diferenciar o certo do errado, e que transformam em pancadaria o ódio fomentado pelo embusteiro palaciano. Para estes profissionais do jornalismo, coletes à prova de bala serão pouco. Terão que andar em carros blindados, com apoio de escolta e direito a adicional de periculosidade, risco de vida, seguro pessoal, dentre outros benefícios do gênero. A necropolítica do governo se espraia para todos os lados, da perversidade no lidar com a pandemia à propagação do ódio contra os inimigos imaginários.

Também ontem, a casa da covereadora negra e trans de São Paulo, Carolina Iara, foi atacada a tiros. Estamos às vésperas do terceiro aniversário da execução brutal da vereadora negra, feminista, do Rio de Janeiro, Marielle Franco, e sequer se consegue punir os mandantes da ação covarde. A ira está sendo naturalizada no país, na contramão da fraternidade necessária para colocarmos novamente o país no caminho da democracia.

Há quem, entre quatro paredes, sussurre que a imprensa brasileira merece a hostilidade do governo, afinal, endossou o golpe de 2016, difundiu a criminalização da política e apoiou o crescimento do fascismo. Seria, portanto, vítima de seus próprios erros. Tudo isso é verdade, parte da imprensa tem culpa no malfeito, mas nada justifica condescender com o curso macabro dos desdobramentos no país. É importante que as análises nesse momento não concluam com o fígado aquilo que precisa ser concluído com a razão, inclusive porque para cada dono de grande veículo de comunicação, para cada jornalista de costa larga, há centenas de profissionais repórteres, câmeras, fotógrafos, cinegrafistas em geral, cujo uso do crachá doravante poderá se converter num passaporte para a morte. A mídia em peso, convencional e alternativa, bem como entidades e associações de classe, da área jornalística e de defesa do Estado democrático, parlamento, justiça, precisam agir nesse momento, sob pena de o cenário se tornar incontornável.

(Janeiro de 2021)

MORO, O ANTIJUIZ

Após as divulgações dos diálogos apurados na operação Spoofing, que deixou mais do que esclarecido que havia um conluio entre o ex-juiz Moro e os procuradores da antiga Força Tarefa da Lava Jato para condenar o ex-presidente Lula, ato contínuo prendendo-o injustamente e impedindo-o de candidatar-se à Presidência da República, parece certo que o STF retomará o julgamento do habeas corpus do ex-presidente. Será declarada a suspeição de Moro e serão anuladas todas as condenações dolosamente prolatadas com fundamento em diversas modalidades de fraude processual e ilícitos penais. Alem de condenações que fatalmente inexistiriam se o ex-Todo Poderoso de Curitiba houvesse aprendido nos bancos do curso de Direito que frequentou sobre a grandeza do que é ser juiz e ter sob sua responsabilidade a honra de exercer a jurisdição em nome do Estado.

Ser juiz não é atividade fácil. É posicionar-se entre um acusado e um acusador, com a atribuição de escutar duas narrativas opostas e dizer qual das duas é a verdadeira segundo os critérios de justiça que uma sociedade estabeleceu pelo Direito. Sob a toga do magistrado recai o mister elevado de transformar a justiça de ideal, figurado em matéria concreta, independentemente das pressões exteriores do mundo cotidiano. Não é profissão para não estudiosos, para vaidosos, para desprovidos de caráter.

A magistratura é uma função tão honrosa que, não por acaso, o Estado blinda os juízes com prerrogativas que a quase mais ninguém oferece. Vitaliciedade, inamovibilidade, irredutibilidade de subsídios são apenas algumas das garantias previstas no art. 96 da Constituição, estabelecidas para que o representante da jurisdição estatal possa agir com independência na presidência de um processo que lhe seja submetido. Em contraprestação, o magistrado só precisa ser diligente, fazer o seu trabalho com esmero. Saber ouvir, interpretar bem o direito e, naturalmente, manter equidistância das partes para proferir um julgamento justo. O ex-juiz Moro não fez nada disso. Ele nunca foi juiz, ele foi um antijuiz. Por má-fé contaminou todos os processos movidos contra o ex-presidente Lula com seu obstinado interesse de condenar um inocente. Um afã tão incontido que arrogou funções exteriores à sua, fazendo as vezes de investigador, acusador e julgador. Ele foi os três numa relação que o Estado separa institucionalmente, porque entende que somente assim tratará com honestidade seus cidadãos.

Se o ex-juiz Moro tivesse lido 'As Misérias do Processo Penal', de Francesco Carnelutti, libelo amplamente indicado nos cursos de graduação jurídica do mundo inteiro, haveria gravado na mente a seguinte lição: "No topo da escada está o juiz. Não há um mister mais alto que o seu, nem uma mais imponente dignidade. Ele é colocado na Corte, sobre a cátedra; e merece esta superioridade. (...) Nós dizemos que frente ao juiz estão as partes. (...) Se, entretanto, aqueles que estão defronte ao juiz para serem julgados são partes, quer dizer que o juiz não é uma parte" (Ed. Pilares, 2013, p. 18-19).

Um juiz de verdade conhece o seu lugar no tribunal. Está sobre as partes ou entre as partes, jamais sobre uma parte a serviço da outra. A imparcialidade é a pedra angular da função judicial. Quando faz dessa lição letra morta, o juiz contamina sua atuação, vicia o processo, prejudica a parte, frustra o interesse estatal, trai a justiça. O conluio entre Moro, Dallagnol e cúmplices em nenhum momento sugere respeito ao processo. Também por isso, a suspeição pleiteada é questão de honra para o Estado brasileiro.

No conhecido texto 'O justo e a justiça política', que dificilmente Moro leu na vida, Rui Barbosa assinalou a nobreza requerida ao trabalho judicante, comparando-a com a injustiça concebida no martírio de Cristo: "Por seis julgamentos passou Cristo, três às mãos dos judeus, três às dos romanos, e em nenhum teve um juiz. Aos olhos dos seus julgadores refulgiu sucessivamente a inocência divina, e nenhum ousou estender-lhe a proteção da toga. Não há tribunais, que bastem, para abrigar o Direito, quando o dever se ausenta da consciência dos magistrados" (Ed. Fundação Casa de Rui Barbosa, 2021, p. 2).

É sobre parcialidade e imparcialidade, suspeição judicial, que a Segunda Turma do STF se pronunciará no julgamento do habeas corpus do ex-presidente Lula. É evidente que, pela estatura do requerente, as dores sofridas, as circunstâncias e as causas deletérias por trás de todo degenerado *lawfare*, põe-se em jogo, também, o reestabelecimento da ordem moral do país. Mas o remédio constitucional que aguarda acolhida na Suprema Corte trata da restauração da justiça num caso concreto, um caso que por ter sido administrado com tamanha indecência pelo sistema judiciário brasileiro precisa ser remediado o quanto antes.

No dorso de toda perversidade protagonizada por uma sorte de devaneios com fins múltiplos (detratação de um partido político, aniquilamento de reputações, destituição de um projeto de governo em curso, conversão de um estado social em liberal, entrega da soberania nacional, estabelecimento do fascismo, seja o que for), o que está em jogo é uma garantia básica para qualquer regime que se autodefina minimamente democrático, com raiz no devido processo legal: a imparcialidade do juiz. Quando o juiz não é isento o processo é nulo, não porque possui um vício episódico de nulidade, mas porque é inconcebivelmente corrompido. Na hipótese da parcialidade do juízo, o contágio contamina a essência da judicância. Qualquer processo decorrente dessa circunstância é radicalmente nulo.

O art. 8º do Código de Ética da Magistratura, que complementa os deveres funcionais dos juízes dispostos na Constituição e em outras disposições legais específicas, estipula que "o magistrado imparcial é aquele que busca nas provas a verdade dos fatos, com objetividade e fundamento, mantendo ao longo de todo o processo uma distância equivalente das partes, e evita todo o tipo de comportamento que possa refletir favoritismo, predisposição ou preconceito". É inequívoco que tal comportamento inocorreu nas instruções e julgamentos das ações penais contra o ex-presidente Lula. Seja no processo do Triplex, em que a denúncia lhe foi levantada não com existência de provas, mas com simples convicções, e em que na sequência se viu inegável favorecimento pessoal do juiz que o condenou com investidura em cargo de prestígio no governo (que não teria sido eleito se ele não tivesse impedido o ex-presidente de se candidatar), seja no processo do sítio de Atibaia, em que houve incontroversa manipulação de delação premiada e que culminou numa sentença prolatada com recurso de "copiar, colar", ambas com manifesta confabulação judicial com o Ministério Público.

Claro que para agir com desmedida sordidez o protagonista-mor da Lava Jato não se debruçou sobre outro clássico elementar dos bancos escolares, 'Eles, os juízes, vistos por um advogado'. Ali, Piero Calamandrei diz com todas as letras: "Por isso o Estado sente como essencial o

Segunda parte

Por uma política de drogas

DESCRIMINALIZAÇÃO DAS DROGAS

Está em pauta no STF, com repercussão geral reconhecida, um julgamento que pode virar de ponta-cabeça toda tradição conservadora que tem norteado a política sobre drogas no país. Trata-se da decisão no RE 635.659, que diz respeito à descriminalização das drogas para o uso próprio. Na prática, é a permissão do uso de drogas para fins recreativos, tornando sem efeito o art. 28 da Lei 11.343/06, que fixa penas para "quem adquirir, guardar, tiver em depósito, transportar ou trouxer consigo, para consumo pessoal, drogas sem autorização".

A permissão soa estranha, mas é interessante dizer que inúmeras personalidades já se puseram a favor da medida: os ex-presidentes Fernando Henrique Cardoso e Luis Inácio Lula da Silva (Brasil), Jose Mujica (Uruguai), Ernesto Zedillo (México), César Gaviria e Juan Manuel Santos (Colômbia), Otto Pérez Molina (Guatemala), além de personalidades mundiais, como Kofi Annan e Mario Vargas Llosa, e brasileiras, como Nelson Jobim, José Carlos Dias, José Gregori, Aloysio Nunes, Miguel Reale Junior, Tarso Genro e o falecido ministro Márcio Thomaz Bastos. Não é por acaso pensam assim: o recurso a substâncias químicas para deleite humano é uma condição histórica que atravessa milênios. O uso de bebidas fermentadas, alcoólicas e de ervas alucinógenas é aceito até mesmo em rituais religiosos.

O que é preciso compreender é que a fronteira que separa a maconha (cannabis) do álcool é apenas uma lei, uma norma jurídica que define o que é lícito e o que é ilícito. Entretanto, a própria cannabis foi fartamente utilizada em suas qualidades medicinais até a primeira metade do século XX, ainda hoje sendo assim utilizada em alguns países, como os Estados Unidos. Noutros países, Holanda e Uruguai, por exemplo, seu uso é liberado. A discussão na ordem do dia no Brasil, a descriminalização das drogas para uso próprio, já está superada na Alemanha, Espanha, Itália, Portugal, Colômbia e Argentina. Ali, além da descriminalização do consumo individual, a questão vem, há anos, sendo tratada como tema de saúde pública, a ser enfrentada com estratégias de redução de danos e não como assunto policial.

A problemática das drogas não é a droga em si, mas o tráfico. O uso da droga com moderação e responsabilidade não causa dissabores ao usuário nem a terceiros. O transtorno é causado pelo uso problemático, pela dependência, que tem, dentre uma de suas razões, a política proibitiva em curso e o pudor em falar-se abertamente sobre o que são as drogas, seus efeitos, seus riscos. Por outro lado, para a coletividade, o mal vem do narcotráfico. Este representa um dos comércios mundiais mais expressivos do sistema capitalista, o qual continua soberano em sua atividade econômica porque não enfrentado adequadamente pelos Estados, através da concorrência direta.

No momento em que o Estado regular o mercado do tráfico, assumindo o monopólio da produção e distribuição das drogas, controlada e moderadamente, para uso individual, dando às pessoas a liberdade de decidirem se querem ou não as comprar e consumi-las, a rede criminosa se desconstituirá e, diante disso, é bastante provável que o uso de medidas policiais não precise ser tão ostensivo como é atualmente.

Portanto, se é de interesse coletivo dar resolução ao problema causado pelo uso das drogas, discuta-se o tema com seriedade e conhecimento, sem preconceitos e proselitismos de qualquer espécie. Assim como quem consome álcool não quer matar, quem fuma crack também não quer roubar. O que mata é o consumo exagerado do álcool e a irresponsabilidade de, na sequência, dirigir. De forma semelhante, o roubo eventual praticado por quem fuma crack decorre do uso desarrazoado e da dependência causada pelo consumo inadvertido e não controlado da droga.

(Junho de 2015)

AS DROGAS E O ENCARCERAMENTO FEMININO

Na passagem do mês da mulher, é relevante destacar tema que usualmente passa ao largo do conhecimento da sociedade como um todo. Segundo o Ministério da Justiça (Infopen/2015), cerca 65% das mulheres em situação de cárcere encontram-se aprisionadas por cometimento de crimes relacionados ao tráfico de drogas. Até 2005, ano anterior ao da promulgação da atual Lei de Drogas (Lei 11.343/06), tal percentual era de 34%. Essa situação de encarceramento feminino por razão de tráfico é tão periclitante que, segundo revelou um estudo da UESC (2015), nos últimos anos, chegou a triplicar entre 2014 e 2016 (O Povo, 22/08/16), tendo como causas principais do apenamento fatores relacionados à criminalidade das drogas. Uma observação, porém, merece destaque: as autoridades de polícia locais reconhecem que, "ao contrário dos homens, as mulheres normalmente não costumam se envolver diretamente com a prática de violência ou porte ilegal de armas" (O Povo, 22/08/16).

O estudo da UESC citado mostra que o perfil das mulheres presas é composto de jovens, abandonadas pelo marido, com pelo menos um filho para criar e um idoso para cuidar. São desempregadas, com histórico de uso de drogas ilícitas. Ou seja, um segmento feminino extremamente vulnerável socialmente, carente de políticas públicas e dependente de renda para manter sua casa e núcleo familiar. Esse contingente compõe a base mais explorada e desprotegida da rede do narcotráfico, atuando, quase que exclusivamente, no ramo da preparação para a venda e na distribuição da substância em varejo (como "aviãozinho") para o consumidor final. Está longe de gerenciar a "boca de fumo" e, muito menos, de administrar a logística do tráfico na região.

Ora, que essas mulheres cometeram atividades ilícitas, não há dúvida. Porém, o que há de se considerar por amor à razão é que, numa teia criminosa como o narcotráfico, reconhecida como a atividade ilegal número 1 do planeta e que movimenta 1,5% do PIB mundial (UNODC, 2016), mulheres como essas são muito mais vítimas do narcotráfico e da respectiva cadeia discriminatória que as envolve do que criminosas de relevante periculosidade. Por isso, na aplicação da Lei de Drogas para mulheres, o magistrado deve lançar ao caso, mais ainda que noutras situações convencionais, um olhar humano, para avaliar se a eventual penalização da lei, de fato, será adequada para os fins a que ela se propõe, de recuperação da interna, ou se tão-somente estará endurecendo desmedidamente uma índole punitiva, estendendo-a impiedosamente à sua família, duplamente sacrificada com a ausência de afeto da mãe reclusa e a interrupção da renda do lar pela prisão da mantenedora.

Que se reflita, portanto, sobre até que ponto o Estado não estará empobrecendo, ainda mais, sua já discriminada população feminina. Importante também refletir sobre o assoberbado sistema penitenciário nacional, pois, diante do que se vem lendo cotidianamente nas páginas dos mais diversos jornais do país, medidas penais alternativas, que evitem a restrição da liberdade, são mais do que bem-vindas.

(Março de 2017)

O DIA EM QUE O GOVERNO AMERICANO DROGOU SEU POVO

Assim como em partida de futebol, todos creem possuir opiniões infalíveis sobre o tema das drogas. Sem titubear, indicam-se vilões e mocinhos num jogo complexo que mata crescentemente, a cada ano, centenas de milhares de pessoas no mundo. Contudo, criminalizar ou descriminalizar o uso de substâncias, liberar e regulamentar produção, comércio e consumo, lidar com o fenômeno como questão de segurança e saúde ou relegá-lo à esfera da individualidade, reconhecendo o caráter cultural-recreativo, religioso, medicinal, de certas drogas, são conjecturas que somente serão adequadamente embasadas se bem compreendidas as circunstâncias que levam ao trânsito quase desimpedido dessas substâncias no meio. O documentário "Freeway Crack in The System", de Marc Levin, disponível na Netflix, ajuda nesta reflexão.

O filme aborda a geopolítica das drogas através dos relatos de Freeway Rick Ross, lendário traficante das décadas de 80 e 90, que, antes de cumprir 20 anos de prisão em regime fechado, dominou o controle da distribuição de cocaína e crack em quase todos os EUA, a partir das comunidades afro-americanas dos arredores de Los Angeles.

O documentário reúne ex-traficantes, antigos integrantes da DEA (sessão antidroga do Departamento de Justiça estadunidense), parlamentares dos EUA que endossaram, mas hoje condenam, o endurecimento das leis de drogas. Conta, ainda, com as contribuições do jornalista investigativo Gary Webb, vencedor do Prêmio Pulitzer de 1990, "suicidado" na esteira das denúncias ora reavivadas sobre as relações clandestinas do governo Ronald Reagan com xiitas iranianos, milícias anti-sandinistas e traficantes latino-americanos, no escândalo que ficou conhecido como Irã-Contras. Em síntese, tais denúncias revelaram que a trama consistia em articulação engendrada em finais da guerra fria para impedir o avanço iraquiano no oriente médio e revoluções socialistas na América Central. Via Israel, às escondidas dos órgãos internacionais de segurança e do congresso dos EUA, armas norte-americanas eram levadas ao golfo pérsico e vultosos financiamentos retornavam de lá, direcionados a organizações contrarrevolucionárias. Aportes expressivos também eram efetivados por cartéis colombianos de cocaína, que recebiam, em troca, permissão do governo dos EUA para desovar ali a produção.

Paralelamente à crítica às relações promíscuas do governo estadunidense com o narcotráfico, o documentário expõe as incoerências da já comprovadamente fracassada "política de guerra às drogas". Revela como são estabelecidas as ligações entre consumidores e distribuidores primários e poderosas facções armadas, questionando-nos sobre os efeitos práticos da tática institucional de combater o terror com mais terror. Condena a criminalização e o encarceramento em massa da população negra, chamando a atenção para o gravíssimo problema da estigmatização de um público que, no momento inicial do drama, era compreendido como injustiçado histórico, carente de direitos civis, em pleno processo tendencial de empoderamento político, e que, doravante, passou a ser generalizadamente identificado como de periculosidade social. No fim, nos deixa a certeza de que elaborar conceitos sobre drogas a partir de premissas equivocadas, ignorando interesses geopolíticos, cifras bilionárias e disputas de poder, reduzindo a dimensão do problema ao crivo médio cotidiano é o que o "status quo" mais quer para continuar soberano no comércio de drogas e no aproveitamento econômico da rede de violência adjacente.

(Dezembro de 2017)

Terceira parte

O mundo é aqui

ELEIÇÕES DEMOCRÁTICAS NA VENEZUELA

Com perplexidade, o mundo vem assistindo a uma profunda transformação na geopolítica da América Latina nos últimos anos. Se a virada do século XX para o século XXI consolidou a democracia como regime estruturante na maior parte das nações, com a ascendência de governos populares alinhados a pautas sociais e nacionalistas, o cenário atual apresenta, como reação ao desenvolvimento, à inclusão social e ao empoderamento geopolítico obtidos no período por certos países, agora assistimos a um movimento inverso. Surge uma onda de retrocesso pensada, no continente, a partir do exterior, pelo mercado financeiro e potências hegemônicas, e posta em prática através dos tradicionais aliados regionais, isto é, aristocratas da mídia, do judiciário, do parlamento e das classes políticas descomprometidas com o povo e a soberania dos próprios países.

Com efeito, mudanças significativas de reveses ideológicos aconteceram nos últimos anos, sucessivamente, no Paraguai, Argentina e Brasil, dentre outras nações sul e latino-americanas. Pode-se estender, agora, à Venezuela, objeto de significativa crise econômica, apesar de sua posição privilegiada no ranking internacional de produtores de petróleo, substancialmente por ter que responder a bloqueio comercial liderado pelos EUA. O país estaria entregue às traças, não fosse a brava resistência democrática de seu povo que, legítima e soberanamente, percebendo a fissura social causada pelos fortes danos decorrentes do boicote a que vinha sendo invariavelmente submetido, através da convocação de um legítimo processo constituinte, logrou pacificar novamente seu território, estando finalmente a ponto de contornar, de vez, a situação de risco que a instabilidade vinha impondo à nação.

Como esforço de reunificação social, a Assembleia Constituinte formalmente instalada em 30 de julho de 2017, antecipou para 15 de outubro corrente as eleições de governadoras e governadores de 23 estados, que estavam previstas para 10 de dezembro. Portanto, desde 11 de outubro, deu-se início à abertura da fase final deste processo eleitoral, cujo desenlace será a escolha de mandatárias e mandatários regionais. Será a 23ª consulta pública eleitoral em 18 anos de governo, desde que o chavismo chegou ao poder em 1998. Acompanham a lisura do processo mais de 70 observadores de distintas nações dos mais diferentes continentes.

Sobre o sistema eleitoral venezuelano, cabe ressaltar certos aspectos relevantes, que fazem compreender porque é possível uma nação tornar factível executar uma operação tão complexa como realizar 23 eleições em 18 anos. Em primeiro lugar, o Poder Eleitoral venezuelano não integra o Poder Judiciário. Na Venezuela, ele é um Poder próprio, independente, controlado política e administrativamente pelo Conselho Nacional Eleitoral (que atualmente sequer é presidido por um jurista), complementado pela jurisdição especializada de uma justiça eleitoral ligada ao judiciário. Ao Poder Eleitoral se somam três poderes, o Executivo, o Legislativo e o Poder Cidadão, que inclui em sua estrutura a Defensoria Pública, o Ministério Público e a Controladoria.

O fato de o Poder Eleitoral ser independente, com administração, orçamento, pensamento estratégico, tecnologia de conhecimento próprios, descortina uma série de consequências. Repercute, por exemplo, num cuidado permanente com a efetivação de uma cultura de cidadania no universo populacional. Não por acaso, durante o processo de escolha de delegados constituintes, em julho passado, quando o país esteve literalmente sob ameaça de uma guerra civil, com ataque aéreo a instalações governamentais, ameaças milicianas divulgadas em imprensa e mídias sociais, barricadas montadas nas ruas, boicote aberto da oposição à convocatória constituinte, a ida às urnas aproximou-se dos 45% do universo total de eleitores, percentagem considerada satisfatória até mesmo no Brasil. Com diferença de que no Brasil o voto é obrigatório; na Venezuela, não. Em vários momentos, durante essas 22 eleições passadas na Venezuela, a ida às urnas superou os 80% da população eleitoralmente capaz de votar.

Fato igualmente importante é que no país caribenho a eleição é 100% realizada eletronicamente, com contabilização de resultado, consequentemente, meteórica. Entretanto, diferente do Brasil, por exemplo, que também adota a urna eletrônica, a identificação dos eleitores é realizada 100% pela forma biométrica, com confirmação via demonstração de documento físico. Além disso, há impressão do voto manifestado na tela e consequente depósito na urna. Ou seja, possibilidade zero de manipulação do eleitor, de seu voto e da respectiva apuração. E mais, há auditagem normal automática em cerca de 50% das urnas, podendo-se fazê-la em 100% delas, sempre que solicitado. Na Venezuela, durante o período Chávez, aconteceram 20 disputas eleitorais. Ele venceu em 19 pleitos e perdeu apenas um. Não questionou a eleição parlamentar em que sua coalizão partidária saiu derrotada por menos de 2% de votos, mas em todos os demais 19 pleitos a oposição formalizou questionamentos. Em boa parte, pediu auditoria nas urnas. 100% das urnas foram apuradas e nenhum erro substancial foi encontrado. Ótimo, vitória da democracia.

O que o mundo precisa saber é que o modelo eleitoral venezuelano é o melhor que existe. Na condição de observador internacional, asseguro que jamais vi algo igual. Neste domingo (15/10), visitarei muitas sessões, mas, desde já, é possível perceber nas ruas, pelo sorriso no rosto das pessoas, que a sensação é de alívio. Alívio por estarem superando, através da democracia, mais um difícil desafio que a história lhes impôs. Parabéns às forças políticas da Venezuela, parabéns ao Conselho Nacional Eleitoral e, sobretudo, vivas, muitos vivas ao povo venezuelano, por acreditar na democracia como meio de alcançar a paz e o equilíbrio político.

(Outubro de 2017)

FOLHA, VÁ À VENEZUELA

No dia 17/10, a Folha de São Paulo publicou entrevista com o Juiz de Direito do TJ/RS, Dr. André Luís Pinto, em que este, na qualidade de acompanhante internacional credenciado junto ao Conselho Nacional Eleitoral da Venezuela (CNE) para monitoramento das eleições de governadores no país, afirmou ter observado a realização de pleito limpo, transparente, aplicado segundo sistema moderno, eficiente e "exemplarmente blindado à fraude".

Segundo disse, não houve embaraço ou obstrução ao exercício do direito de voto por parte da situação governista ou da oposição.

Apesar da rivalidade política, a atmosfera do pleito era pacífica, civilizada e respeitosa.

Em 18/10, contudo, ignorando os fatos noticiados na entrevista da edição imediatamente anterior, a Folha divulgou o editorial "Pantomima chavista", expondo uma narrativa ardilosa sobre o pleito, contraditória com o que havia apurado junto ao juiz brasileiro, fazendo crer que as eleições teriam sido manipuladas através de coação, uso e abuso de irregularidades, expressão crua de um autoritarismo comum desde Chávez. Grotesco!

Também fui observador internacional dessas eleições ao lado do Dr. André Luís, num rol de brasileiros ao qual se somavam outra juíza, um procurador de justiça, um destacado jurista e dois jornalistas. Conosco, estavam autoridades políticas, judiciárias, jurisconsultos, jornalistas, professores, intelectuais de diversos setores sociais e profissionais de grande credibilidade em dezenas de países da América Latina, Estados Unidos, Europa e Rússia.

Não refutarei o editorial da Folha, porque a entrevista do Dr. André Luís e uma rápida navegada pelo site do CNE (www.cne.gob.ve) são suficientes à tarefa. Apenas manifestarei um apelo. Como observador, participei de coletivas de imprensa e não me recordo de ter visto a grande mídia brasileira cobrindo o pleito, no que pese ter notado veículos de comunicação internacionais e locais exercendo o fundamental mister de divulgar o que ali acontecia.

Assim, uma vez que, dando seguimento às orientações da constituinte do país, as autoridades venezuelanas acabam de convocar eleições municipais para dezembro, considerando-se que a Folha não acredita na palavra de quem entrevista, apelo para que, dessa vez, o jornal se disponha a beber diretamente na fonte. Que não nos escute, mas vá pessoalmente à Venezuela cobrir os fatos. Ficar do Brasil divulgando opiniões fundadas em informações distorcidas (muitas vezes recebidas de agências internacionais comprometidas com falsidades) não agrega nada ao bom jornalismo.

(Novembro de 2017)

ISRAEL-PALESTINA: A CASA BRANCA E O ACORDO DE UM LADO SÓ

Em dia supostamente histórico para a paz mundial (28 de janeiro), o presidente dos Estados Unidos, Donald Trump, ladeado pelo primeiro-ministro de Israel, Benjamin Netanyahu, apresentou na Casa Branca, em Washington, proposta objetivando uma conciliação perpétua entre israelenses e palestinos. A julgar pelo que anunciou a imprensa internacional (análise mais acurada só poderá ser delineada após conhecimento da íntegra do teor articulado), não será surpresa se tudo não passar de um grande blefe, irreal e impossível de se consolidar. Várias são as razões para presumir que o desfecho será negativo.

Primeiro, os palestinos não participaram do acordo; segundo, não faz qualquer sentido a capital da Palestina situar-se em Jerusalém Oriental se a cidade inteira de Jerusalém permanecer sendo reconhecida como capital "indivisível" de Israel. Aliás, se Jerusalém Oriental será a capital palestina, por que os palestinos terão que ser "autorizados" a circular pela parte antiga (incrustada no setor oriental), justamente o espaço mais conflitante da Cidade Santa?

Ou o conceito de Jerusalém capital "indivisível" israelense valerá mais que o conceito de Jerusalém Oriental capital palestina, ou então o conceito de Jerusalém Oriental será reduzido ao conceito de Jerusalém "Suboriental", uma vez que o setor de Jerusalém Oriental que a todos interessa será inteiramente israelense, assim como continuará sendo a parte ocidental da cidade.

Além disso, Israel permanecerá ocupando (irregularmente, diga-se) os assentamentos na Cisjordânia, as Colinas de Golã, ou seja, controlando o Vale, as nascentes do Rio Jordão, assegurando a posse da água, enquanto a Palestina, em contrapartida, receberá uma parte do árido deserto de Negueve, certamente pelo lado oposto à saída marítima da Faixa de Gaza. Ora, esse é o acordo que os Estados Unidos imaginam que os palestinos aceitarão em troca do reconhecimento de seu Estado? Afinal, que tipo de Estado os norte-americanos pensam que os palestinos querem que seja reconhecido?

Sendo coincidentes as primeiras informações divulgadas via imprensa, a possibilidade de palestinos aceitarem essa proposta é quase zero. Só não é possível afirmar que é totalmente zero porque não seria irrazoável supor que certos segmentos palestinos, não de áreas autônomas já reconhecidas, mas de campos de refugiados em países adjacentes, assimilem a ideia. Mas não por acharem-na boa, por desejo de retornar à terra natal e porque a situação nos refúgios é reconhecidamente desumana, absurdamente desoladora. Especialmente após os Estados Unidos, deste mesmo pretendente a salvador da humanidade, Donald Trump, cortar a minguada contribuição financeira que sua nação repassava, desde os idos de 1949, à Agência das Nações Unidas para os Refugiados Palestinos (UNRWA) para custeio, sobretudo de saúde e educação nos campos.

Mesmo assim, é quase impossível haver aceitação, inclusive porque há mais dois elementos nessa complexa discussão: a rigor, parte expressiva dos palestinos reivindicam todo território de Israel como Palestina. E esse suposto Estado palestino derivado da proposta em curso, com reconhecimento formal dos Estados Unidos e Israel, seria totalmente desmilitarizado (sem Forças Armadas) – na prática, rendido ao controle militar do Estado israelense.

A verdade neste imbróglio é que qualquer acordo que não respeite os limites de fronteiras de 1967, antes da Guerra dos Seis Dias (ocasião em que Israel ocupou substancialmente a Palestina), não será justo, inclusive porque é o que, há décadas, já definiu como parâmetro aceitável a Assembleia Geral da ONU, através da Resolução 242.

O que busca o presidente Donald Trump com a proposta recém-apresentada é tão somente desviar a atenção para tentar passar ao seu país uma imagem de grande César, alavancando popularidade justamente quando atravessa um processo de *impeachment*, às vésperas do início do período eleitoral de renovação de mandato presidencial. Por outro lado, quer vender ao resto do mundo a ideia de que possui interesse em resolver um drama histórico, mesmo sem vontade alguma de encontrar uma melhor solução. Noutra mão, busca tentar arrefecer um sentimento antiamericano no Oriente Médio, mais acentuado após o cruel assassinato do general Qasem Soleimani, o acirramento das tensões com o Irã e o Iraque, com o Hezbollah, e, por via de consequência, com o Hamas. Se bem que, nesse caso, nem o Fatah do presidente Mahmoud Abbas deverá aceitar a proposta, por não haver participado de sua formatação e, também, pelo risco que assumiria ao endossar uma imoralidade dessa espécie.

Cinquenta bilhões de dólares não justificam tamanha humilhação para quem tanto já teve que suportar. E, menos ainda, a promessa dos Estados Unidos de levarem para sua microlocalização em Jerusalém "Suboriental" uma embaixada norte-americana, que, por sua vez, também será, no tocante à representação diplomática em Israel, definitivamente transferida de Tel Aviv para a Jerusalém, capital indivisível do Estado israelense.

Por muito menos, ao pactuar os Acordos de Oslo na década de 1990, em prol de um início de entendimentos pela paz na região, Yasser Arafat foi defenestrado pelos seus concidadãos e a unidade palestina rachou indefinidamente. A proposta apresentada ontem na Casa Branca, com clara pendência para um lado em detrimento de outro, é mais um engodo dos Estados Unidos, capitaneado pelo presidente Donald Trump, tendo à cola o consorte israelense Benjamin Netanyahu.

Vexatório para nós brasileiros (para mim especialmente, que escrevo esse texto) é imaginarmos, já quase tendo certeza, de que mesmo sem ser convidado para a "festa" e, ao que tudo indica, despossuído de qualquer noção sobre a questão geopolítica em pauta, o serviçal de Pindorama já deve, numa hora dessas, haver parabenizado os "heróis do feito" por algo que não foi feito.

(Janeiro de 2020)

FAROESTE HOLLYWOODIANO

No instante em que a imprensa de todo mundo anuncia que os Estados Unidos ultrapassam a China no número de pessoas contaminadas pelo coronavírus e o país, sangrando pelo colapso econômico, sente o drama das mortes, nada mais conveniente, para um governo que vem negando o caos agravado por sua própria omissão, do que distorcer o foco da opinião pública, elegendo um novo anti-herói para inflamar o ódio no país e mitigar a perda de popularidade presidencial no ano eleitoral.

Ontem, o procurador-geral dos Estados Unidos, William Barr, anunciou que acusará formalmente o presidente da Venezuela, Nicolás Maduro, por suposta associação com o narcotráfico, em conjunto com importantes personagens da política venezuelana, a exemplo do presidente da Assembleia Nacional Constituinte, Diosdado Cabello. Para o Departamento de Justiça dos Estados Unidos, em 2006, quando exercia o cargo de chanceler do país durante o governo do ex-presidente Hugo Chávez, Maduro teria recebido US$ 5 milhões de dólares das antigas Forças Armadas Revolucionárias da Colômbia - FARC, hoje partido político.

A provocação de ontem foi adornada com elementos de faroeste hollywoodiano: um cartaz com fotos de Maduro e o anúncio de recompensa por informações no valor de US$ 15 milhões de dólares.

O presidente da pátria bolivariana reagiu prontamente, refutando as acusações e nominando os asseclas do hediondo governo Trump de "*cowboys racistas do século XXI*". A melhor resposta, contudo, foi a do atual chanceler da Venezuela, Jorge Arreaza, em seu Instagram (@ jaarreaza.ve). Abaixo de um cartaz de "procura-se" divulgado contra o herói da Revolução Mexicana, Pancho Villa, mediante recompensa de US$ 5 mil, escreveu: "*Há 104 anos os EUA ofereciam recompensas pela captura dos Revolucionários mexicanos. Não mudam, não aprendem, não entendem que os homens e mulheres livres não se dobram jamais*".

Nada a acrescentar. Bela resposta de uma nação que corajosamente vem enfrentando o imperialismo internacional e reagindo contra a perversidade de uma injusta guerra econômica, patrocinada contra suas divisas, em detrimento do bem-estar do seu povo.

(Março de 2020)

GOLPE NA COMISSÃO INTERAMERICANA DE DIREITOS HUMANOS

O atual sistema interamericano de proteção aos direitos humanos nasceu na esteira de formatação da Organização dos Estados Americanos (OEA), levando adiante perspectiva assumida pelas Nações Unidas de que seria impossível obter-se paz e equilíbrio para humanidade sem valorar-se a dignidade humana em suas múltiplas dimensões. A Carta da OEA de 1948 previu, no art. 107, a criação de uma Comissão Interamericana de Direitos Humanos (CIDH), cuja função primordial seria "*promover o respeito e a defesa dos direitos humanos e servir como órgão consultivo da Organização em tal matéria*".

Criada em 1959, a CIDH foi o primeiro organismo internacional regional de proteção dos direitos humanos, sendo-lhe reconhecida a prerrogativa de estabelecer o próprio regulamento, segundo o disposto no art. 39 da Convenção Americana sobre Direitos Humanos de 1969 (Pacto de San José da Costa Rica). O Regulamento da CIDH de 2009 (modificado em 2013), é taxativo no art. 1.1, "*a Comissão Interamericana de Direitos Humanos é um órgão autônomo da Organização dos Estados Americanos que tem como função principal promover a observância e a defesa dos direitos humanos e servir como órgão consultivo da Organização em tal matéria*". Portanto, vinha sendo assim, com autonomia para decidir sobre si e sobre a política de fomento, fiscalização e monitoramento de direitos humanos empreendida na América pelo sistema que lhe competia, que a CIDH era reconhecida pela OEA, até o último dia 15 de agosto.

Não obstante, naquele dia, o Secretário Geral da OEA, Luis Almagro, comunicou decisão de não dar prosseguimento à recondução, para exercício de um segundo mandato, do Secretário Executivo da CIDH, Paulo Abrão, no posto para o qual havia sido inicialmente escolhido em 2016. A decisão assombra defensoras e defensores de direitos humanos não apenas no continente americano, mas no mundo inteiro, à medida que a recondução do Secretário Executivo para o segundo período havia sido aprovada, em janeiro de 2020, por unanimidade e com inúmeros destaques de louvor, pelos 7 membros Comissionados do colegiado, os quais naturalmente aguardavam respeito e atendimento à autonomia da CIDH para tratar dos temas concernentes à sua estrutura.

Ledo engano. O Secretário Geral da OEA preferiu apunhalar o sistema interamericano de proteção dos direitos humanos pela frente, expondo ao mundo fissura que já se percebia que existia internamente. A OEA de Luis Almagro é a mesma que ignorou o golpe institucional no Brasil, em 2016; a mesma que por seu apoio à guerra econômica criminosa liderada contra a Venezuela pelos Estados Unidos não lhe deu outra saída senão deixar o sistema (procedimento de saída em curso); a mesma que cerrou os olhos para o golpe no Equador, em 2017; que, em novembro do ano passado, elaborou relatório criminoso, eventualmente demonstrado mentiroso, denunciando fraude que não existiu nas eleições bolivianas em que Evo Morales seria reeleito presidente do país em primeiro turno, legitimando uma série de excessos que resultou no Estado pré-ditatorial atual.

A OEA de Luis Almagro é a mesma que não vinha digerindo os informes da CIDH sobre cerceamento de liberdade de expressão no Equador. A mesma que mostrava incômodo com os comunicados sobre as brutais e desmedidas ações das forças armadas chilenas contra os estudantes, no início deste ano; que divergia da insistência da CIDH em demonstrar a cumplicidade crescente do Estado brasileiro com o uso da violência nas práticas de segurança pública e prisional, bem assim como a escalada do autoritarismo contra a imprensa e a negligência na gestão da crise de Covid-19, em especial o descontrole em territórios indígenas.

Não há a menor dúvida de que o não atendimento do Secretário Geral da OEA à decisão da CIDH de escolher seu Secretário Executivo teve natureza política, seguramente sendo orquestrada por articulação antidemocrática dos Estados Unidos e seu adulador governo brasileiro, através de sua política exterior lesa-pátria. Talvez, uma parte por revanchismo pelo fato de o Secretário Executivo Paulo Abrão, apesar de incontestavelmente credenciado para o cargo, haver sido Secretário Nacional de Justiça, Presidente da Comissão de Anistia e Presidente da Comissão Nacional de Refugiados em governos do PT. Porém, existe um outro lado mais obscuro que não admite sua permanência no cenário: eles entendem que sua atuação significa um calo para aqueles que buscam burlar as obrigações concernentes aos direitos humanos em todo continente. Trata-se do fascismo tentando ampliar suas garras para o conjunto de estruturas institucionais existentes.

Por isso, a menos que desejem entregar de vez aos imperialistas o sistema interamericano de proteção dos direitos humanos (a CIDH pode ser só a primeira investida), ou mesmo o sistema regional da OEA em sua integralidade, as organizações da sociedade civil em toda América Latina devem se posicionar contra o ataque à CIDH. O Mercosul, que contou com Paulo Abrão na presidência de seu importante Instituto de Políticas Públicas em Direitos Humanos, também deve demonstrar insatisfação. Os direitos humanos não são de esquerda, nem de direita, são dos seres humanos indistintamente, devendo a luta por sua concretização tocar a todos. Abaixo o golpe contra a autonomia da CIDH.

(Agosto de 2020)

FREE ASSANGE

A retomada do julgamento do pedido de extradição de Julian Assange por tribunal inglês ontem, 07 de setembro, merece atenção do mundo. Assange, famoso ciberativista australiano, fundador do Wikileaks, está sendo vítima de uma perseguição infundada e desumana, articulada por governos e corporações empresariais interessadas em evitar que a liberdade de informação se espraie. Está sendo martirizado por haver mostrado ao mundo que civis, inclusive crianças e jornalistas, foram executados pelas forças armadas dos EUA no Iraque e no Afeganistão, que torturas eram comuns em Guantánamo, que maquinações eram articuladas para derrubar governos, incidentes pensados para desestabilizar democracias, negociatas forjadas com lavagem de dinheiro e dumping empresarial cometidas por oligopólios financeiros. Em resumo, Assange dava conhecimento público à corrupção global, sendo por isso acossado em apuração judicial de exceção.

Não são poucas as violações de direito que o acometem. Foi acusado numa investigação desonesta na Suécia com o único fito de cercear-lhe a circulação - tão deliberadamente desonesta que as autoridades suecas a dispensaram. Está sendo submetido a um encarceramento em prisão de segurança máxima, com acesso totalmente restringido ao mundo exterior, sofrendo com dificuldades de acesso aos advogados, que reclamam de frustração nos meios de defesa, além de limitações de visitas e privação de atenção médica. Se for extraditado para os Estados Unidos, enfrentará um tribunal notadamente inquisitório manipulado por ex-militares e ex-agentes de órgãos de segurança, verdugos declarados. *Lawfare* clássico.

No campo do direito internacional a situação é assustadora. Um direito de asilo foi corrompido, uma nacionalidade arbitrariamente cassada. A rigor, até uma sede diplomática foi invadida, tudo para viabilizar que uma operação tecida com o aporte bilionário do FMI acontecesse. Assange não é norte-americano, a Wikileaks não tem base nos Estados Unidos, as ações deletérias divulgadas não foram apenas dos norte-americanos, os fatos em si justificavam mereciam conhecimento geral, mas ele está sendo entregue a uma jurisdição que autoritariamente se crê planetária para tratar, sob sua lupa, de todos os assuntos que lhe interessam.

Apesar dos fatos serem escandalosos, a mídia convencional ignora o julgamento da extradição de Julian Assange, porque sua luta nunca se limitou à divulgação da informação, o que, por si só, já seria importantíssimo. Ao contrário, sua luta tem sido pela democratização dos meios de divulgação da informação, desapontando os interesses dos conglomerados midiáticos que monopolizam o setor. Também por isso a humanidade deve levantar-se em sua defesa. Assange é um defensor da democracia planetária injustamente criminalizado por grupos privados e nações que se dizem protetoras-mor da liberdade de informação – liberdade que nunca relutam em sabotar quando entram em foco suas mentiras sanguinárias e inescrupulosas. #FreeAssange

(Setembro de 2020)

STOP THE COUNT!

"Stop the count!", parem a contagem, foi o que o presidente dos EUA Donald Trump, candidato à reeleição, tuitou na manhã de hoje, 05/11, na tentativa desesperada de evitar que as apurações estaduais que definem o novo dirigente do país finalizassem com resultados diferentes do que almejava. Levando-se em conta a solidez das instituições norte-americanas, o apelo pode parecer fadado ao vazio (esperneio de mau perdedor), mas o recado precisa ser entendido mundo afora e com cautela.

O mesmo personagem que institucionalizou o disparo de *fake news* via redes sociais, como estratégia obscena de campanha para galgar o poder, inaugura novo vexatório capítulo para a história das democracias. O capítulo em que o mandatário candidato à reeleição naturaliza o não reconhecimento do escrutínio para protelar a consagração da vontade popular e continuar no poder. A iniciativa passa a borracha em duas premissas vitais para qualquer sistema democrático: o respeito à vontade coletiva e a resignação dos atores políticos à possibilidade de alternância. Indecência!

É natural que num Estado democrático quem quer que se sinta injustiçado vá à Justiça para tentar restaurar seu direito, mas o que pretende o presidente Donald Trump não é promover a integridade do desejo popular expressado nas urnas. Ao contrário, ambiciona dar seguimento à estratégia antecipada, desde antes das eleições, de tumultuar o processo eleitoral, evitando a proclamação da vitória adversária e sabotando, descaradamente, a decisão soberana do povo. Trata-se de uma apropriação explícita dos meios institucionais providos pelo sistema democrático para sufocar a democracia. Não por acaso Donald Trump vem apregoando, abertamente, que solicitará recontagem em todos os estados em que perder, indistintamente, sem amparo em qualquer motivação de ordem real que venha a pôr em risco a legitimidade do escrutínio. Na mesma toada, vem se obstando à conclusão dos trabalhos de apuração. As nações não podem interpretar seus gestos como simples ausência de urbanidade, atributo que o presidente, ora candidato a continuar no cargo pelo tapetão, definitivamente não possui, mas como ameaça aos fundamentos democráticos.

Que as diversas instâncias judiciárias acionadas nos Estados Unidos (o Judiciário com um todo) compreendam que o que busca, nesse momento, Donald Trump é desdenhar da Justiça, ato contínuo, fazendo de tolo o eleitor. A consequência inevitável do expediente, para além da perda na confiança das instituições, será o acirramento dos ânimos da população, com sérios riscos de instauração de clima de guerra civil nas ruas do país.

No Brasil, onde há poucos anos o Judiciário assentiu com um *impeachment* fortemente motivado pela negação de um mau perdedor a um resultado eleitoral, o qual, por sua vez, contribuiu com um sentimento de criminalização da política, que abriu portas para o êxito, via sufrágio, de uma proposta, assim como Donald Trump nos Estados Unidos, arredia à decência, sustentada em farta utilização de *fake news*, é fundamental uma diligência para contrapor-se a futuras artimanhas. A linha estratégica do licencioso presidente estadunidense inspira comportamentos por aqui.

(Novembro de 2020)

POR QUE CORTARAM TRUMP NA TV?

Seguramente todos que leem este texto acompanharam, nos últimos dias, a vitória de Joe Biden nas eleições presidenciais dos Estados Unidos. Esta reflexão, porém, não é sobre ele, mas, antes disso, sobre seu adversário, o presidente derrotado nas urnas, Donald Trump.

Na noite de anteontem (5/11), as pessoas que acompanhavam pela TV o resultado das apurações estadunidenses assistiram a uma cena inusual, pelo menos aqui no Brasil. O pronunciamento nacional do presidente dos Estados Unidos, candidato à reeleição, foi interrompido por várias emissoras (NBC, MSBC, ABC e CBS), porque começou a difundir barbaridades contra os fatos, a atentar contra a democracia do país, mentindo sobre supostas fraudes no processo eleitoral, com o objetivo descarado de criar um clima de convulsão social via apelo direcionado aos seus embrutecidos apoiadores, acostumados ao tumulto.

Muito interessante o episódio, porque aqui pelo Brasil há os que estufam o peito para dizer que a liberdade de expressão é um direito intocável, absoluto. O direito de todos os direitos, segundo alguns, normalmente citando os EUA como paradigma de proteção.

Pois bem! Nos Estados Unidos, o direito à liberdade de expressão é um bem sem dúvida alguma tutelado de modo reforçado. Porém, quando ele é utilizado para trapacear a coletividade, sabotar as bases democráticas necessárias à existência da própria liberdade de expressão, ele é tolhido. Foi o que aconteceu na noite da última quinta. Cortaram sumariamente a palavra do todo poderoso presidente do país, porque ele irrompeu contra a ideia de que as liberdades fundamentais são absolutas enquanto sistema, não individualmente. Ele usou sua palavra para atacar a democracia norte-americana, por consequência a sociedade norte-americana, aproveitando-se da regra da liberdade de expressão para difundir a mentira e o ódio. Para isso, as emissoras de TV sequer esperaram endosso judicial, por si só interromperam o mandatário candidato, desmoralizando-o publicamente perante seus concidadãos e o mundo inteiro.

A verdade é que em qualquer país minimamente decente o direito à liberdade de expressão jamais será interpretado como licença absoluta para proferir a estupidez, "*freedom of speech is not a license to be stupid*", como é comum se dizer nos Estados Unidos.

Ótima lição para os incautos brasileiros, sendo relevante recordar que, há quinze dias, o ministro das relações exteriores do país realizou discurso para turma de formandos do Itamaraty, sob olhar de aprovação do presidente, em que, no conjunto de impróprios articulados, manifestou: "*Nos discursos de abertura da Assembleia Geral das Nações Unidas deste ano, por exemplo, os Presidentes Bolsonaro e Trump foram praticamente os únicos a falar em liberdade. Naquela organização que teria sido, que foi fundada no princípio da liberdade, mas que a esqueceu. Sim, o Brasil hoje fala em liberdade através do mundo. Se isso faz de nós um pária internacional, então que sejamos esse pária*". Fundamental que o chanceler entendesse o sentido que se dá à palavra liberdade nos Estados Unidos. Talvez então não se orgulhasse das opções que levaram o Brasil a ser um pária internacional.

(Novembro de 2020)

MESMO COM UCRÂNIA ARMADA ATÉ OS DENTES, NÃO SERÁ SIMPLES DERROTAR RÚSSIA

Qualquer iniciante em relações internacionais sabe que a guerra não é tolerada pelo direito internacional, exceto nas hipóteses de legítima defesa ou de intervenções excepcionais para a proteção coletiva ou razões humanitárias, se devidamente autorizadas pelo Conselho de Segurança da ONU. Qualquer um também sabe que a máxima não passa de pretensão formal, quando muito quimera pacifista. Apesar de bárbaro, desde sempre, o uso da guerra tem sido banalizado como manifestação de soberania. Um recurso para alcançar, via força, aquilo que, por meios diplomáticos, não se consegue obter.

Mundo afora, dublês de Sun Tzu e Maquiavel reverberam que táticas de guerra são expedientes necessários à Governança com "G" maiúsculo, devendo ser de domínio dos que almejam a glória. Para os senhores do mercado, a lógica belicista tem sido advogada como se fosse um mantra do conhecimento, uma aptidão própria de quem quer vencer, seja nos negócios, seja nos esportes, na educação dos filhos e até mesmo no amor.

Os filósofos da era da concorrência assimilam o domínio da "arte da guerra" como sinônimo de controle emocional e elevada inteligência. Por isso mesmo impressiona que se mostrem chocados quando o presidente Vladimir Putin resolve lançar mão de uma incursão militar para alcançar seus objetivos geopolíticos.

Ninguém pense que Putin tem como principal preocupação os interesses específicos das populações separatistas do Donbass, em especial Donetsk e Luhansk. Estas seguramente têm direito de dizer se moram em terra russa, ucraniana ou terra própria, pois descendem dos mesmos eslavos que povoaram a região bem antes da invasão dos mongóis, muitos séculos antes da existência da Rússia czarista ou do ciclo soviético, quando fronteiras nacionais inexistiam ou se misturavam, sendo compreensível que não se sintam representadas pelo centralismo da Ucrânia. Não é este, porém, o fato. Putin está de olho na defesa física e estratégica da Rússia.

Do mesmo modo, ninguém seja ingênuo de pensar que Estados Unidos e Otan estão verdadeiramente preocupados em salvaguardar a soberania e a integridade territorial da Ucrânia. Anseiam colapsar a Rússia, minando seu poder geopolítico e enfraquecendo sua capacidade econômica. Com um pouco de sorte, sugar suas abundantes riquezas e apropriar-se de seus segredos tecnológicos e militares.

Não há amadores no jogo. Há interesses macroeconômicos e geopolíticos envolvidos. É a luta pela hegemonia e a contra-hegemonia do planeta que está em disputa.

Putin acionou a força, o que é reprovável, mas a guerra em si já vem sendo entabulada desde o fim do século XX, décadas antes da ofensiva russa pela retomada da Crimeia, ou da ardilosa guerra híbrida patrocinada pelo "ocidente" para desestabilizar o governo da Ucrânia e possibilitar a assunção de um fantoche, rodeado de incompetentes e extremistas, inclusive nazistas, para submeter o país ao seu jugo.

A guerra de hoje nada mais é do que uma extensão da Guerra Fria, que deveria ter sido extinta com a dissolução da União Soviética, mas repaginou-se empurrando a Otan sobre todos os continentes, avançando avidamente sobre o leste europeu e procurando manter isolada a Rússia, cujo fígado sonhava comer. É por essa razão que, no conflito atual, a Ucrânia figura como a bola da vez, mas o alvo principal segue sendo o Kremlin.

Com uma Ucrânia armada até os dentes, se possível com armas nucleares, frustrando acordo de desnuclearização anterior, é a rendição dos russos de joelhos perante os Estados Unidos que os donos do atual confronto, PhDs em deflagrar guerras por *commodities* e capital o tempo todo, mas agora travestidos de defensores da paz, querem festejar. A tarefa, porém, não será simples. Antes pelo contrário: tem ares de difícil, já que, neste instante, tropas de Putin cercam os subúrbios de Kiev, na iminência de imprensar contra as paredes do palácio presidencial os fascistas e nazistas saídos das sombras no Euromaidan e multiplicados desde então.

Longe dali, de suas poltronas confortáveis em Washington e Bruxelas, os reais protagonistas do caos na Ucrânia não se afligem quanto a se o desenlace nas adjacências do Mar Negro será medido em vidas e destruição. Mas nas cercanias, nos Balcãs, as populações ainda se recordam do quão dolorosas poderão ser as consequências de tamanha crueza e estupidez.

Que vença o bom senso e a paz seja restabelecida.

(Fevereiro de 2022)

pólen soft 80 gr/m2
tipologia garamond
impresso no inverno de 2022